Ronny Kämpfe

Analyse und Vergleich von VPN-Protokoll

C000091362

Bibliografische Information der Deutschen Nationalbibliothek:

Bibliografische Information der Deutschen Nationalbibliothek: Die Deutsche Bibliothek verzeichnet diese Publikation in der Deutschen Nationalbibliografie; detaillierte bibliografische Daten sind im Internet über http://dnb.d-nb.de/ abrufbar.

Copyright © 2005 Diplomica Verlag GmbH
Druck und Bindung: Books on Demand GmbH, Norderstedt Germany
ISBN: 9783832496920

http://www.diplom.de/ ch-von-vpn-protokollen

Ronny Kämpfe

Analyse und Vergleich von VPN-Protokollen

Diplom.de

Ronny Kämpfe
Analyse und Vergleich von VPN-Protokollen
ISBN-10: 3-8324-9692-0
ISBN-13: 978-3-8324-9692-0
Druck Diplomica® GmbH, Hamburg, 2006
Zugl. Hochschule Mittweida (FH), Mittweida, Deutschland, Diplomarbeit, 2005

Überblick:

Diese Diplomarbeit beschäftigt sich mit der Analyse und dem Vergleich ausgewählter am Markt erhältlicher VPN-Lösungen.

Zu Beginn wird die Motivation der Durchführung dieser Analyse durch SomSoft erläutert. Auf die Ziele und Anforderungen der Arbeit wird dabei eingegangen.

Kapitel zwei stellt die ausgewählten VPN-Lösungen vor und erklärt deren Funktionsweise und sicherheitsrelevante Aspekte. Dabei werden Schwachstellen aufgezeigt und erläutert und es wird auf die Interoperabilität zwischen verschiedenen Betriebssystemen oder Hardwareimplementierungen eingegangen.

Im dritten Kapitel wird die Installation, Konfiguration und Wartung der Lösungen erläutert. Von Interesse ist der Ablauf dieser Schritte sowie der Aufwand der Administration der VPNs.
Dabei werden mögliche Szenarien für VPNs aufgezeigt und die Implementierung dieser mit jeder der ausgewählten VPN-Lösungen getestet. Auf die notwendige Konfiguration wird dabei eingegangen sowie Probleme und Schwierigkeiten erfasst.

In Kapitel vier werden die Tests ausgewertet und die Vor- und Nachteile der Lösungen in verschiedenen Einsatzgebieten diskutiert.

Hinweis:

Alle aufgeführten Firmen- und Produktnamen sind Warenzeichen, eingetragene Warenzeichen oder sonstige urheber-, marken- bzw. titelrechtlich geschützte Bezeichnungen ihrer jeweiligen Eigentümer und werden als solche ausdrücklich anerkannt. Die Nennung geschieht lediglich zu Identifikationszwecken und stellt keinen Anspruch an bzw. auf diese Namen und Warenzeichen dar.

Inhaltsverzeichnis

1 Motivation und Ziele

1.1 Einleitung

SomSoft ist ein Unternehmen, welches in der Softwareentwicklung tätig ist. Die zu entwicklenden Projekte sind meist Datenbank-Anwendungen, welche in einer Client-Server-Struktur arbeiten wobei die Clients auch über das Internet mit dem Server kommunizieren. In einem aktuellen Projekt ist SomSoft an der Entwicklung eines Service-Management-Systems für die Automatisierungstechnik beteiligt, dessen Komponenten über eine recht komplexe Netzstruktur miteinander verbunden sind. Dabei werden vertrauliche Daten ausgetauscht, die momentan im Testbetrieb unverschlüsselt über das Netz und damit auch das Internet übertragen werden. Da dieser Umstand datenschutzrechtlich unzumutbar ist und von keinem Kunden, dank des gestiegenen Bewusstseins für die Sicherheit und Privatsphäre von Daten während des Transports im Internet, geduldet wird, sollen die Verbindungen per VPN geschützt werden. In anderen Projekten, die auch kleinere Unternehmen oder Privatleute betreffen, besteht ebenso der Wunsch nach Sicherheit bei der Dateübertragung.

1.2 Ziele

Ziel der Diplomarbeit ist es eine Übersicht der am Markt befindlichen Lösungen zur Implementierung von Virtuellen Privaten Netzwerken aufzustellen, ihre Funktionsweise zu analysieren und auf ihre Einsatztauglichkeit in verschiedenen Infrastrukturen zu testen. Im Mittelpunkt sollen dabei Sicherheitsaspekte wie verwendete Verschlüsselungsmethoden und Authentizitätssicherung stehen, aber auch Installation, Konfiguration und Wartung von mit den Lösungen zu implementierenden Netzen. Anhand der gewonnenen Erkenntnisse soll die Anwendbarkeit der Lösungen für Industrie und Wirtschaft sowie Privatanwender analysiert werden.

2 VPN-Technologien

„Ein virtuelles privates Netz (VPN) ist ein Netz von logischen Verbindungen zur Übermittlung von privaten Daten und Informationen bzw. Datenverkehr. Eine logische Verbindung ist eine Netzverbindung zwischen einem Sender und einem Empfänger, bei der der Weg der Informationen und die Bandbreite dynamisch zugewiesen wird."[1, S.8]
VPNs sind Netzwerke, die zum Transport privater Daten meist öffentliche Netze wie bspw. das Internet nutzen. Die Verbindung wird dabei durch einen Tunnel zwischen VPN-Client und -Server realisiert, wobei dieser Tunnel oftmals durch Verschlüsselung geschützt wird. Auch ohne Verschlüsselung besteht bereits ein VPN, der eigentliche Schutz der Daten vor unbefugten Zugriffen wird dabei jedoch nicht gewährleistet. Da es am Markt zahlreiche VPN-Technologien gibt, welche unterschiedlicher Herkunft sind, verschiedene Ansätze verfolgen und unterschiedliche Einsatzgebiete bedienen können, sollen im Folgenden einige dieser Technologien vorgestellt werden. Dabei wird auf deren Funktionsweise eingegangen und die Umsetzung des Schutzes der transportierten Daten erläutert. Weiterhin werden Schwachstellen und die Interoperabilität zwischen verschiedenen Systemen aufgezeigt. Die untersuchten VPN-Lösungen sind:

- PPTP - Point-to-Point Tunneling Protocol

- IPSec

- L2TP - Layer 2 Tunneling Protocol

- Tinc - Tinc is not cabal

- OpenVPN

2.1 PPTP - Point-to-Point-Tunneling-Protokoll

2.1.1 Einleitung

Das Point-to-Point-Tunneling-Protocol [Zor99] stellt ein Protokoll dar, welches es erlaubt das Point-to-Point-Protocol über IP-Verbindungen zu tunneln. Es wurde in Zusammenarbeit mehrerer Firmen (u.a. Microsoft) entwickelt. Es ist dafür gedacht, Außendienstmitarbeitern (Roadwarrior) eines Unternehmens den Zugriff auf das Firmennetzwerk auf einfache Art und Weise zu ermöglichen. Microsofts Implementierung von PPTP ist stark in Verruf geraten, da deren Authentifizierungsmechanismen MS-Chap Version 1 und 2 große Sicherheitslücken aufweisen, wie von Schneier und Mudge [5] festgestellt wurde. Auf Microsofts Implementierung soll im folgenden genauer eingegangen werden, da diese in den meisten PPTP-Lösungen eingesetzt wird.

2.1.2 Funktionsweise

PPTP stellt eine Client-Server-Architektur dar, wobei der Server als PPTP-Network Server (PNS) und der Client, also das Endgerät, als PPTP-Access Concentrator (PAC) bezeichnet wird. Ein PPTP-Tunnel besteht aus zwei Verbindungen, einer TCP-Kontrollverbindung und einem IP Tunnel zur Datenübertragung, welche eine erweiterte Version des GRE-Protokolls [Net00] zur Tunnelung benutzt.

Die Kontrollverbindung

Zunächst wird eine TCP-Kontrollverbindung vom PAC oder PNS zum Port 1723/TCP der Gegenstelle aufgebaut. Dabei werden Zugangsinformationen, die Anzahl möglicher PPP-Verbindungen, die Fähigkeiten von PNS und PAC, sowie deren DNS-Namen übertragen. Diese Nachricht wird als Start-Control-Connection-Request (Start-CC-Request) bezeichnet und mittels Start-Control-Connection-Reply (Start-CC-Reply) beantwortet. Um die Bereitschaft von PAC und PNS auch ohne Übertragung von Nutzdaten zu überprüfen, wird im Intervall von 60 Sekunden ein Echo-Mechanismus ausgeführt, bei dem ein Echo-Request und als Antwort ein Echo-Reply gesendet werden. Bei Nichtbeantwortung eines Echo-Requests wird automatisch ein Stop-Control-Connection-Request gesendet, der zur Beendigung der Kontrollverbindung führt. Ist die Kontrollverbindung aufgebaut, werden über diese auch Parameteränderungen in der Verbindung mitgeteilt, z.B. um Datenstaus zu verhindern. Wenn mehrere PACs Verbindungen zu einem PNS bestehen, können die Parameter für jede einzelne Verbindung geändert werden, da PPTP Session-orientiert arbeitet und jede Session separat behandelt.

Jede Nachricht der Kontrollverbindung beginnt mit einem 8 Byte langen Header, der die Länge der Nachricht, deren Typ sowie ein sog. „Magic Cookie" enthält. Der Nachrichtentyp kann entweder eine Kontrollnachricht oder eine Verwaltungsnachricht sein, wobei es von letzterem keine Definitionen gibt. Das Magic Cookie hat immer den gleichen Inhalt und soll sicherstellen, dass der Empfänger mit dem TCP-Strom synchronisiert ist. Von den Kontrollnachrichten gibt es 15 verschiedene Möglichkeiten, sechs davon für das Management der Kontrollverbindung, sieben für das Anrufmanagement, eine weitere für Fehlermeldungen und eine um die Session zu kontrollieren.

Tunnel-Verbindung

Beim PPTP werden die Nutzdaten per PPP zwischen PAC und PNS übertragen. Diese werden in GRE Pakete eingeschlossen, welche wiederum über IP transportiert werden. Der benutzte GRE-Header ist allerdings etwas erweitert gegenüber der eigentlichen GRE-Spezifikation. Die hauptsächliche Erweiterung besteht im Vorhandensein einer Quittungs-Nummer (Acknowledgement Number), welche zur Bestätigung empfangener Pakete verwendet wird. Jedes Paket enthält eine aufsteigende Sequenznummer; der Empfänger bestätigt den ordnungsgemäßen Empfang, indem in der Antwort die Quittungsnummer gleich der Sequenznummer gesetzt wird. Wenn eine Quittungsnummer erhalten wird, werden automatisch alle Pakete mit einer Sequenznummer kleiner gleich dieser Nummer als quittiert betrachtet.

2.1.3 Sicherheit

PPTP selbst beschreibt keinerlei spezifische Methoden zur Authentifizierung und Verschlüsselung. Im darunter liegenden PPP allerdings können verschiedene Methoden für diese Zwecke eingebunden werden. Das Point-to-Point Protokoll kennt mehrere Authentifizierungsmechanismen wie z.B. PAP (unverschlüsseltes Kennwort), SPAP (Shiva-Password-Authentication-Protocol), CHAP (Challenge-Authentication-Protocol), sowie Microsofts CHAP Implementierungen MS-CHAP und MS-CHAP v2.

In Microsofts Implementierung von PPTP in Windows NT und höher gibt es nun drei Möglichkeiten der Authentifizierung:

1. Passwörter im Klartext (es wird ein Klartext-Passwort von Client zu Server gesendet)

2. Passwort-Hash (es wird ein Hash des Passworts gesendet)

3. Challenge/Response (Client und Server authentifizieren sich, indem das MS-CHAP Challenge/Response Protokoll zum Einsatz kommt.

Letztere muss eingesetzt werden, damit die übertragenen Pakete verschlüsselt werden. Es kommt dann das Microsoft Point-to-Point Encryption Protocol (MPPE [Sys01b]) zum Einsatz, was den RC4 Stream-Chiffre mit einem 40-Bit oder 128-Bit Schlüssel nutzt, der Client und Server bekannt sein muss. Der 40-Bit Schlüssel wird ermittelt, indem aus dem Lan Manager Hash des Nutzer-Passwortes per SHA ein 64 Bit Schlüssel erzeugt wird und die höherwertigen 24 Bit auf 0xD1269E gesetzt werden. Ein 128 Bit Schlüssel wird erzeugt, indem der Windows NT Hash des Passwortes mit einem 64 Bit Zufallswert, der während des MS-CHAP vom Server zum Client gesendet wurde, zusammengefügt und anschließend per SHA gehasht wird. Der 40 oder 128 Bit Schlüssel wird dann benutzt zur Initialisierung des RC4. Um die Pakete mitzuzählen, hat MPPE ein sog. "coherency count". Alle 256 Pakete wird dann ein neuer RC4 Schlüssel generiert, indem der vorherige Schlüssel und der Originalschlüssel mit SHA gehasht werden. Wenn die Synchronisation verloren geht, d.h. es kommt ein Paket mit unerwarteter Paketnummer an, wird der RC4 mit dem momentanen Schlüssel reinitialisiert.

MS-CHAP selbst hat den folgenden Ablauf: Der Client fordert den Login an, und bekommt vom Server einen 8-Byte Zufallswert übermittelt. Aus diesem berechnet der Client den Lan Manager Hash und hängt fünf Nullen an um einen 21-Byte String zu erzeugen. Dieser wird in drei 7-Byte-Schlüssel zerteilt, wobei jeder Teil dazu benutzt wird, den zuvor erhaltenen Zufallswert zu verschlüsseln. Analog wird diese Prozedur mit dem Windows NT Hash durchgeführt. Heraus kommt jeweils ein 24-Byte langer Chiffre, welcher zum Server gesendet wird. Der Server führt die gleiche Verschlüsselungsprozedur durch und vergleicht den erhaltenen Wert mit dem von ihm ermittelten; bei Übereinstimmung ist die Authentifizierung komplett. Ob der Lan Manager oder Windows NT Hash vom Server verwendet wird, wird per Flag im Paket festgelegt.

2.1.4 Schwachstellen

Hash-Funktionen

Microsoft benutzt zwei verschiedene Hash-Funktionen für die zu überprüfenden Passwörter. Zum einen ist dies der Lan Manager Hash, welcher noch aus der OS/2-Entwicklung stammt, zum anderen ist dies der Windows NT Hash.

Lan Manager Hash Beim Lan Manager Hash geschieht nun folgendes: Passwörter werden in eine 14 Zeichen lange Kette konvertiert durch Verkürzung zu langer, oder mit Nullen aufgefüllter zu kurzer Passwörter. Die ganze Zeichenkette wird in Großbuchstaben gewandelt und in zwei sieben Byte lange Hälften geteilt. Anschließend wird jede Hälfte als Schlüssel für DES benutzt und eine fixe Konstante damit verschlüsselt, was in zwei 8 Byte langen Zeichenketten resultiert. Diese werden wieder zusammengefügt und als 16 Byte Hash-Wert benutzt. An dieser Stelle ist leicht zu erkennen, dass dies kein sicherer Hash sein kann, da zum einen alle Buchstaben in Großbuchstaben konvertiert werden, was den möglichen Wertebereich immens einschränkt, zum anderen wird selbst ein 30 Zeichen langes Passwort als 2 mal 7 Zeichen behandelt durch die Teilung. Weiterhin gibt es keinen „externen" Einfluss auf das Ergebnis, so dass zwei gleiche Passwörter auch den gleichen Hash ergeben. Die zwei Passworthälften werden zudem unabhängig bearbeitet und können auch bei einer Brute-Force-Attack unabhängig getestet werden. Auch ist leicht zu ermitteln, ob ein Passwort kürzer als 8 Zeichen ist, da die zweite Passworthälfte in diesem Falle mit Nullen gefüllt wird und dementsprechend immer der gleiche Hash dafür entsteht.

Windows NT Hash Der Windows NT Hash ist sicherer als der Lan Manager. Passwörter länger als 14 Zeichen sind möglich, welche zuerst nach Unicode geändert werden. Das Passwort wird nicht zerteilt sondern als Ganzes behandelt und mittels MD4 gehasht, was in einem 16 Byte Ergebnis endet.

Problem Microsoft untergräbt nun allerdings die erhöhte Sicherheit des Windows NT Hash, indem bei der Passwortübertragung immer auch der Lan Manager Hash mit übertragen wird aus Abwärtskompatibilitätsgründen zu Windows 95, welches nur diesen kennt. Dadurch sind Passwörter, die kürzer als 15 Zeichen sind, potentiell gefährdet, denn so ist es erneut möglich den Passwortinhalt zu ermitteln. Anschließend braucht man nur noch die Groß/Kleinschreibung auszuprobieren. Bei Passwörtern länger als 14 Zeichen, kennt man auf diese Weise zumindest schon die ersten 14 Zeichen und kann möglicherweise auf den Rest schließen.

Authentifizierung - MS-CHAP

Von der Verwendung des MS-CHAP bei der Authentifizierung ist dringend abzuraten, da auch hier wieder der Lan Manager Hash mitgesendet wird. Die Client-Antwort ist jeweils dreigeteilt und es kann damit problemlos jedes Drittel separat angegriffen werden. Da bei Passwörtern kürzer als 8 Zeichen, die zweite Hälfte des Lan Manager Hashes konstant ist, ist auch das letzte Drittel der Antwort konstant, bzw. es ist der Zufallswert mit einer Konstanten verschlüsselt.

Verschlüsselung - MPPE

Bei der Verschlüsselung per MPPE Protokoll muss man beachten, dass nicht alle PPP Pakete verschlüsselt werden, sondern nur diejenigen, deren Protokollnummer in einem gewissen Bereich liegen. Die Protokollnummer kennzeichnet, welches Protokoll im PPP Paket transportiert wird. Der Rest, wozu bspw. PAP, CHAP und SPAP gehören, wird in jedem Falle im Klartext übertragen.

Weiterhin wird bei jeder Authentifizierung des gleichen Nutzers auch der gleiche Schlüssel benutzt, da dieser auf dem Nutzerpasswort basiert. Auch gibt es keine Authentizitätssicherung der verschlüsselten Pakete, d.h. es nicht nachprüfbar, ob die empfangenen Pakete auf ihrem Weg verändert wurden. Wenn nun in den PPP-Daten ein Protokoll transportiert wird, was selbst auch keine Prüfung auf Veränderung unterstützt, so können unbemerkt Daten verändert werden. Im günstigsten Falle für einen Angreifer werden dadurch Steuerbits verändert, was ihm Vorteile bringen kann. Er kann aber auch den „coherency count" auf ungültige Werte verändern, so dass die Synchronisation verloren geht und für die Neusynchronisation fortlaufend der gleiche Schlüssel verwendet wird, was ihm wiederum ermöglicht den Originaltext zu ermitteln.

Zu viele Informationen werden zudem im Klartext übertragen, teilweise über die Kontrollverbindung. So ist es bspw. durch Einsatz eines Paket-Sniffers möglich IP-Adressen von

Server und Clients, den Nutzernamen und Maschinenname des Clients uvm. zu ermitteln. Aus Sicherheitsaspekten dürften derlei Informationen nie zugänglich sein.

2.1.5 Interoperabilität

PPTP-Server gibt es für Windows, Linux (Poptop), Mac OS und FreeBSD (mpd). Auch exisitieren Hardwareprodukte, welche als PPTP-Server arbeiten können. „PPTP Client" ist existent als Client für MS-PPTP für Linux, FreeBSD, NetBSD und OpenBSD. Die Zusammenarbeit dieser auf verschiedenen Plattformen angesiedelten Programme ist relativ problemlos möglich.

2.2 IPSec

2.2.1 Einleitung

IPSec entstand während der Arbeit an IPv6. Dies kam dadurch, dass man bei der Entwicklung der neuen IP-Version nicht die gleichen Fehler machen wollte wie bei IPv4, bei dem Aspekte der Sicherheit, wie Vertraulichkeit, Authentizität und Integrität, vernachlässigt wurden. So wurden die IPSec-Protokolle, zu denen das Authentication-Header-Protokoll [Net98a], Encapsulated-Security-Payload-Protokoll [Net98b] und das Internet-Key-Exchange-Protokoll [Sys98] gehören, entwickelt, welche genau diese Funktionen besitzen und daraufhin für IPv4 rückportiert wurden.

2.2.2 Funktionsweise

IPSec besitzt zwei unterschiedliche Arten zu arbeiten; den Tunnel- und den Transportmodus. Je nach Modus unterscheiden sich der Aufbau und die Einsatzmöglichkeiten von IPSec. Weiterhin ist der Aufbau von IPSec modular. D.h., dass die Algorithmen, die bei der Authentifizierung, Verschlüsselung und Schlüsselmanagement zum Einsatz kommen, austauschbar sind. Zudem muss gesichert werden, dass die Kommunikationspartner die gleichen Algorithmen anwenden, weshalb für die Zeit der Kommunikation eine „Vereinbarung" getroffen wird, die IPSec-Security-Associations (SA).

IPSec-Security-Associations - SA

Die Security Associations sind unidirektionale Parameterdefinitionen. Das bedeutet, dass jeweils für den ein- und ausgehenden Verkehr einer bidirektionalen Kommunikation eine SA vorhanden sein muss. Diese beschreibt die Parameter der IPSec-Protokolle wie IP-Adresse des Ziels, Security Parameter Index (SPI), Sequenznummer, Anti-Replay-Window, Schlüssel, Protokoll, Algorithmen und Arbeitsmodi für Authentifizierung und Verschlüsselung, Lebensdauer der SA und der Schlüssel sowie Tunnel- und Transportmodus. Der Zugriff auf eine SA ist durch das Tripel SPI, Zieladresse und Security Protokoll eindeutig möglich. SPI ist dabei ein 32-Bit-Wert zur Unterscheidung von SA mit gleichem Ziel und Protokoll. Als Zieladresse wird momentan nur eine Unicast-Adresse unterstützt und als Protokoll kommen AH und ESP in Frage.

Security Policy

Da die SA selbst noch nicht zur Verschlüsselung oder Authentifizierung der Daten führt sondern nur angibt, wie der Schutz des Verkehrs aussieht, allerdings nicht was und wann konkret, sind Security Policies nötig. Diese werden in der Security-Policy-Datenbank hinterlegt, in welcher damit festgesetzt wird, welche Pakete wie gehandhabt werden. Dabei gibt es die drei Möglichkeiten : Verwerfen (Discard), Durchlassen (Pass) und Anwendung von IPSec-SAs (Apply). Zudem existieren IPSec-Selektoren, die die Security Policies flexibel halten, indem die zu schützenden Dienste einzeln definiert, und falls diese Dienste Ports unterstützen, auch diese Ports angegeben werden können.

Internet-Key-Exchange - IKE

Das Internet-Key-Exchange-Protokoll stellt kein eigenständiges Protokoll dar sondern setzt auf dem UDP-Protokoll Port 500 auf und basiert auf dem ISAKMP- [Inc98b], Oakley-Key-Determination- [oCSUoA98] und dem SKEME-Protokoll sowie der IPSec-Domain-of-Interpretation [Alc98]. Es dient zum authentifizierten Austausch der Schlüssel und der Aushandlung der IPSec-SAs. IKE arbeitet in zwei Phasen und mit verschiedenen Modi. In Phase 1 wird zwischen den Kommunikationspartnern eine ISAKMP-SA mittels Main- oder Aggressive-Mode ausgehandelt, über die die darauf folgenden Verhandlungen erfolgen. In Phase 2 werden die IPSec-SAs erzeugt durch Verwendung des Quick-Mode, welcher auf die aus Phase 1 stammenden ISAKMP-SAs zugreift und daher einen sicheren Kanal benutzt.

Main-Mode   Um den Main-Mode bzw. dessen Austauschvorgänge zu bescheiben, muss man die zum Einsatz kommenden Authentifizierungsmethoden betrachten, da dies zu großen Unterschieden führt.

RSA-Signaturen   Zunächst werden vom Initiator im ersten Paket ein oder mehrere Vorschläge für die ISAKMP-SA gesendet, welche mögliche unterstützte Authentifizierungs- und Verschlüsselungsalgorithmen sowie Oakley-Gruppen enthalten. Daraufhin wird vom Empfänger einer der Vorschläge ausgewählt und in Nachricht 2 bestätigt. Daraufhin kann eine Anforderung des öffentlichen Schlüssels des Gegenübers erfolgen und es wird das öffentliche Ergebnis einer Diffie-Hellmann-Berechnung sowie ein Zufallswert vom Initiator verschickt, was zur Berechnung der Signatur vom Empfänger verwendet wird. Der Empfänger tut nun das gleiche, was beiden Partnern die Finalisierung der Diffie-Hellmann-Berechnung gestattet und damit zum Besitz eines symmetrischen Schlüssels führt. Damit können folgende Nachrichten wie die Übermittlung des Zertifikats und der Identität bereits verschlüsselt erfolgen.

Public-Key-Verschlüsselung   Da bei der Authentifizierung mit PK-Verschlüsselung RSA-Schlüssel benutzt werden, müssen die öffentlichen RSA-Schlüssel der Partner bereits ausgetauscht worden sein. Sendung und Bestätigung der Vorschläge für die ISAKMP-SA erfolgen wie bei den RSA-Signaturen. Daraufhin wird allerdings vom Initiator zusätzlich zum Ergebnis der DH-Berechnung seine Identität und ein Nonce (Zufallswert) übertragen, wobei diese bereits mit einem öffentlichen Schlüssel des Empfängers verschlüsselt werden. Bei Vorhandensein mehrerer öffentlicher Schlüssel wird einer davon ausgewählt und zusätzlich der Hash desjenigen übertragen. Der Empfänger agiert analog. Danach können beiderseits die Identitäten und Nonces entschlüsselt und die DH-Berechnung zu Ende gebracht werden. Aus dem Nonce und anderen Informationen wird ein Hash ermittelt und mit dem symmetrischen Schlüssel übertragen. Die Partner können nun anhand des mit dem Nonce erzeugten Hash davon ausgehen, dass die Gegenstelle den privaten Schlüssel besitzt, da der Nonce mit diesem verschlüsselt wurde.

Revidierte Public-Key-Verschlüsselung Die revidierte Public-Key-Verschlüsselung ähnelt der Public-Key-Verschlüsselung mit dem Unterschied, dass die Identitäten und das Ergebnis der DH-Berechnung nicht mit dem öffentlichen Schlüssel des Partners, sondern mit einem symmetrischen Schlüssel verschlüsselt werden, wobei dieser Schlüssel aus dem eigenen Nonce ermittelt wird. Die Gegenstelle kann diesen Nonce mit dem eigenen privaten Schlüssel ermitteln und den symmetrischen Schlüssel in analogem Verfahren ermitteln. Die Nachrichten 5 und 6 sind ähnlich denen der PK-Verschlüsselung und enthalten Hashes, die auf den Nonces basieren und damit der Authentifizierung dienen. Der Vorteil der revidierten PK-Verschlüsselung liegt in der Verminderung der Public-Key-Verfahren von 4 auf 2 und damit weniger Ver-/Entschlüsselungen.

Preshared Keys - PSK Nachricht 1 und 2 sind identisch denen der vorher beschriebenen Verfahren. Danach werden wieder Nonce und Ergebnis der DH-Berechnung übertragen, wobei bereits der Preshared Key für die Ausgangswerterzeugung der Berechnung der Schlüssel verwendet wird. Anschließend können die Identitäten in Nachricht 5 und 6 verschlüsselt ausgetauscht werden. Ein Nachteil ist aber, dass bei durch den ISP dynamisch vergebenen IP-Adressen für alle Partner der gleiche PSK verwendet werden muss, da ja die Identität noch nicht ermittelt werden konnte und die IP-Adresse unbekannt ist, und damit der richtige PSK nicht gewählt werden kann.

Aggressive-Mode Alle Informationen der Phase 1, die im Main-Mode in sechs Nachrichten ausgetauscht werden, werden im Aggressive-Mode in drei Nachrichten ausgetauscht, was natürlich schneller ist. Allerdings gibt es keinen Identitätsschutz wie im Main-Mode, so dass bei der Authentifizierung mittels PSK oder RSA-Signaturen die Identitäten im Klartext übertragen werden. Der Vorteil bei PSK liegt aber darin, dass bei dynamischen unbekannten IP-Adressen unterschiedliche PSK verwendet werden können eben durch die nicht verschlüsselte Identität.

Quick-Mode In Phase 2 des IKE-Protokolls wird der Quickmode verwendet, welcher auf der Phase 1 aufbaut. Die Nachrichten werden verschlüsselt, authentifiziert und integer übertragen. So können auch mehrere IPSec-SA unter einer ISAKMP-SA erzeugt werden, was drei Nachrichten erfordert. Diese beinhalten den SA-Vorschlag, Hash- und Nonce-Wert sowie eventuell Identitäten und bei Nutzung von Perfect Forward Secrecy den DH-Wert, was zur Neuberechnung aller Schlüssel dient und sicherstellt, dass durch Ermittlung eines Schlüssels nicht auf weitere Schlüssel geschlossen werden kann.

Authentication-Header-Protokoll - AH

Das Authentication-Header-Protokoll (AH, IP-Protokoll 51) wird im RFC-2402 [Net98a] beschrieben und stellt die Integrität und Authentifizierung der zu übertragenden Pakete sicher. Dies geschieht dadurch, indem zwischen IP-Header und Nutzlast der Authentication-Header eingebracht wird. Dieser Header ist folgendermaßen aufgebaut:

IP- Header	Next- Header	Length	Reserved	SPI	Seq.- number	ICV	Data

Abbildung 2.1: AH-Protokoll

- Next Header gibt das Protokoll der übertragenen Daten an, Länge 8 Bit

- Length gibt die Länge des AH-Headers in Vielfachen von 32 Bit an, Länge 8 Bit

- Reserved ist reserviert für zukünftige Verwendung und derzeit mit Nullen gefüllt, Länge 16 Bit

- SPI Security Parameter Index gibt die eindeutige SA an, Länge 32 Bit

- Sequence Number wird vom Absender fortlaufend vergeben und ist für den Empfänger als Schutz vor Replay-Attacken nutzbar, Länge 32 Bit

- ICV Authentifizierungsdaten, die mittels HMAC gebildet werden; dabei wird auch der äußere IP-Header mit in die Berechnung einbezogen, wobei bestimmte Felder des IPv4 und IPv6 Headers ignoriert werden.

Das AH-Protokoll bietet keinerlei Vertraulichkeit der Nutzlast, da diese nicht verschlüsselt wird.

Encapsulated-Security-Payload-Protokoll - ESP

Das Encapsulated-Security-Payload-Protokoll (IP-Protokoll 50) bietet im Gegensatz zum AH-Protokoll zusätzlich eine Verschlüsselung an und dadurch Vertraulichkeit der Daten. ESP wird nicht nur als Header eingebracht, sondern bettet die gesamten Daten ein:

IP-	SPI	Seq.-	Payload	Pad	Pad-	Next-	ICV
Header		number	IV | Data		Length	Header	

Abbildung 2.2: ESP-Protokoll

- SPI Security Parameter Index gibt die eindeutige SA an, Länge 32 Bit

- Sequence Number wird vom Absender fortlaufend vergeben und ist für den Empfänger als Schutz vor Replay-Attacken nutzbar, Länge 32 Bit

- Payload enthält die meist verschlüsselten Nutzdaten; wenn der Verschlüsselungsalgorithmus mit Initialisierungsvektor arbeitet, so wird dieser vor den verschlüsselten Daten gespeichert

- Padding ist erforderlich, da dieses bei Block-Ciphern zum Auffüllen der Blöcke benötigt wird

- Padding Length enthält die Länge des Padding, um dieses wieder entfernen zu können

- Next Header gibt das Protokoll der übertragenen Daten an, Länge 8 Bit

- ICV Authentifizierungsdaten, die mittels HMAC nach der Verschlüsselung der Daten gebildet werden; dabei wird der äußere IP-Header nicht mit in die Berechnung einbezogen

Tunnel- und Transportmodus

Die IPSec-Protokolle können in zwei verschiedenen Modi betrieben werden: dem Tunnel- und dem Transportmodus. Der Unterschied liegt darin, dass beim Tunnelmodus das gesamte IP-Paket in einen IPSec-Header gekapselt wird und diesem ein neuer IP-Header vorangestellt wird. Der Aufbau ist folgender:

Der Transportmodus kommt nur dann zum Einsatz, wenn zwei kommunizierende Rechner für die Verschlüsselung zuständig sind. Agiert einer oder beide Rechner allerdings als Gateway und schützen das gesamte IP-Paket, so wird der Tunnelmodus genutzt, da die Pakete dann von den Gateways ausgepackt und mittels originalem IP-Header an das Ziel geschickt werden.

Original		IP	Upper - Layer - Protokoll samt Daten
Transport	IP	IPSec	Upper - Layer - Protokoll samt Daten
Tunnel	IP	IPSec	IP	Upper - Layer - Protokoll samt Daten

Abbildung 2.3: IPSec-Arbeitsmodi

2.2.3 Sicherheit

Authentifizierung/Integrität

Die Sicherstellung der Integrität der übertragenen Pakete sowie deren Authentifizierung werden von IPSec durch Hash-Funktionen durchgesetzt. Der Hash wird aus einem geheimen Schlüssel sowie den zu schützenden Daten ermittelt, wobei lediglich die höchstwertigen 96 Bit des HMAC als ICV verwendet werden. Dabei gibt es verschiedene Algorithmen um den HMAC zu berechnen; laut IPSec-Standard sind die Implementierung von HMAC-MD5-96 (RFC-2401 [Net98c]) sowie HMAC-SHA-1-96 (RFC-2404 [Gle98]) vorgeschrieben. Allerdings gibt es weitere Drafts zur Beschreibung der Verwendung von SHA-2 mit 256, 384, 512 Bit Länge und es existieren noch HMAC-RIPEMD-160, HMAC-PANAMA und HMAC-TIGER als weniger gebräuchliche Verfahren.

Verschlüsselung/Vertraulichkeit

Die Vertraulichkeit der zu übertragenden Daten wird bei IPSec durch symmetrische Verschlüsselung mit einem geheimen Schlüssel im CBC-Modus gewährleistet. Verlangt wird von den IPSec-Standards die Unterstützung von NULL (RFC-2410 [NIS98b]), CBC-DES (RFC-1829 [Day95a]) sowie CBC-DES mit explizitem Initialisierungsvektor (RFC-2405 [Inc98a]). Verwendung finden jedoch nach RFC-2451 [Inc98c] auch die Verschlüsselungsalgorithmen RC5, RC6, IDEA, CAST-128, Blowfish, 3DES und AES, da diese wesentlich sicherer sind als DES, welches nur einen 56 Bit langen Schlüssel benutzt. Alle Verfahren sind Cipher-Block-Chaining-Verfahren, so dass ein Initialisierungsvektor zum Einsatz kommt. Dieser wird zu Beginn zufällig ermittelt. Der verschlüsselte Block wiederum wird als IV für den folgenden Block verwendet und in den meisten Fällen wird der letzte Block eines Pakets als IV für das nächste Paket genutzt. Da bei CBC die Daten in Blöcken verarbeitet werden und vermutlich selten die Datenlänge ein Vielfaches der Blocklänge ist, muss der Block aufgefüllt werden.

Replay-Schutz

Um zu verhindern, dass ein Angreifer aufgezeichnete Pakete nachträglich wieder einspielen kann, bietet IPSec einen optionalen Schutz. Dabei wird vom Absender eine monoton steigende Sequenznummer in die Pakete eingebracht, welche der Empfänger nutzen kann, um erneut eingespielte Pakete zu erkennen.

2.2.4 Schwachstellen

Eine Schwachstelle von IPSec ist dessen immense Mächtigkeit, d.h. es gibt derart viele Konfigurationsmöglichkeiten, dass sogar bezweifelt wird, "dass überhaupt jemand IPSec mit seinen vielfältigen Details vollständig verstanden hat"[3, S.8]. Dies ist zwar keine Schwachstelle im eigentlichen Sinne, kann allerdings zu Problemen führen. Weiterhin sind einige Funktionalitäten mehr oder minder in Abhängigkeit der Implementierung oder des Produktes vorhanden.

Da IPSec aus der Entwicklung des IPv6 stammt, wird man bei IPv4 mit einigen Problemen konfrontiert. So wird bspw. keine Network-Address-Translation (NAT) unterstützt, da bei IPv6 mit seinem 128 Bit Adressraum wahrscheinlich kein NAT benötigt wird im Gegensatz zu IPv4 mit seinem 32 Bit Adressraum. Demnach sind gleichzeitige Verbindungen von mehreren Arbeitsplätzen, die sich hinter einem NAT-Gateway befinden, nicht möglich. Allerdings ist es durch Erweiterung der IPSec-Protokolle um NAT Traversal möglich, diese selbst in UDP zu kapseln, welches wiederum NAT unterstützt. Aber auch diese Funktionalität ist nicht durchgängig vorhanden.

Auch ist der Aufbau eines VPN von Roadwarriorn ohne feste IP oft mit Problemen verbunden. So ist der Einsatz des Main-Mode schlecht möglich, da Roadwarrior normalerweise vom ISP eine dynamische IP-Adresse erhalten und somit die Auswahl des richtigen PSKs beim Kommunikationspartner unmöglich wird. Somit müsste für alle Roadwarrior der gleiche PSK verwendet werden, was wiederum ein Sicherheitsrisiko darstellt.

Im Aggressive-Mode und der Nutzung von PSK oder Signaturen werden dagegen die Identitäten im Klartext übertragen, da dieser Modus keinen Identitätsschutz bieten kann, was sich unter Umständen ausnutzen lassen kann. Zusätzlich ist der Aggressive-Mode anfällig für DoS-Attacken, da durch die Reduzierung der Nachrichtenanzahl der Phase 1 auf drei bereits das erste Paket eine Verschlüsselung erfahren muss. Dies hat zur Folge, dass ein Angreifer durch sinnlose Verschlüsselungsvorgänge einen DoS erzeugen kann.

2.2.5 Interoperabilität

Es gibt unzählige Hardwarelösungen am Markt, darunter von Cisco, Checkpoint, Juniper um nur einige zu nennen. Dazu kommen unterschiedliche Implementierungen softwareseitig in den verschiedenen Betriebssystemen wie Windows oder FreeS/WAN [Fre], racoon [Rac] und isakmpd für Linux und andere Systeme. Durch die unzähligen Möglichkeiten an Kombinationen in den Security Associations und andererseits die Eigenheiten jeder Implementierung der Hardwarehersteller ist eine reibungslose Zusammenarbeit verschiedener Produkte nicht immer möglich. Dies liegt zum einen daran, dass nicht jede Lösung jeden Verschlüsselungsalgorithmus unterstützt, andererseits auch nicht alle Authentifizierungsmethoden eingesetzt werden können. So ist meist die Nutzung von Preshared Keys als kleinster gemeinsamer Nenner unumgänglich. Zusätzlich wird nicht überall NAT Traversal unterstützt, was den Einsatz eines VPN-Clients hinter einem NAT-Gateway erschwert. Das Hauptproblem dürfte jedoch das IKE-Protokoll sein, bei dem zu viele verschiedene Parameter vorhanden sind, die von jeder Lösung unterschiedlich gesetzt werden. Zur Sicherstellung der Interoperabilität zwischen bestimmten Produkten werden vom Virtual Private Network Consortium [VPN] Interoperabilitätstests durchgeführt, die die Zusammenarbeit testen sollen. Teilnehmer an diesen Tests, deren Produkt diese besteht, darf sich das VPNC Certified Logo anhängen. Dies sollte eigentlich das Ziel sämtlicher Hersteller und Implementierungen von IPSec VPNs sein, die Liste der zertifizierten Produkte ist jedoch leider recht kurz.

2.3 L2TP

2.3.1 Einleitung

Das Point-to-Point-Protokoll (RFC-1661 [Day94]) definiert einen Mechanismus, mit dem Pakete beliebiger Protokolle (z.B. IP, IPX, NetBUI, SNA) über eine Layer-2-Verbindung transportiert werden können. Dabei wird vom Benutzer eine L2-Verbindung angefordert, über die anschließend PPP benutzt wird. Dabei sind die Endpunkte der L2- und der PPP-Verbindung auf dem gleichen physikalischen Gerät. Bei L2TP besteht nun aber die Erweiterung, dass diese beiden Endpunkte auf unterschiedlichen Geräten sein können. Dabei endet die L2-Verbindung auf dem L2TP Access Concentrator (LAC), welcher dann die PPP-Pakete zum L2TP Network Server (LNS) tunnelt.

2.3.2 Funktionsweise

Das L2TP benutzt zwei verschiedene Nachrichtenarten - Daten- und Steuerungsnachrichten. Um Tunnel und Anrufe aufzubauen, zu verwalten und abzubauen, werden Steuerungsnachrichten verwendet, welche aus mehreren sog. AVP (Attribute Value Pair) bestehen. Datennachrichten werden verwendet um in PPP gekapselte Daten über den Tunnel zu transportieren. Der Steuerungskanal garantiert, dass Kontrollnachrichten erfolgreich übertragen werden; der Datenkanal kann dies nicht. Die beiden Nachrichtenarten werden in der selben Verbindung geführt, d.h. es ist nur eine Verbindung für beide Arten nötig.

Die PPP-Daten-Pakete werden über den unzuverlässigen Datenkanal geschickt, wobei vor die Pakete noch der Tunnel-Header zur Bestimmung von Ein- und Ausgang, ein UDP-Header sowie ein L2TP-Header gesetzt wird. Prinzipiell muss nicht UDP als Transportprotokoll genutzt werden, Frame Relay und ATM sind ebenso möglich. Da das Internet, und damit IP, vermutlich am häufigsten benutzt werden und auch in den Testszenarien zum Einsatz kommt, soll an dieser Stelle nur auf UDP eingegangen werden.

Daten	UDP	L2TP - Header	Datennachrichten	PPP - Paket
	FR			
Steuerung	ATM	L2TP - Header	Kontrollnachrichten	

Abbildung 2.4: L2TP-Paket

Kontrollnachrichten

Es gibt verschiedene Arten von Kontroll- oder Steuerungsnachrichten, bspw. für das Management der Steuerungsverbindung, das Call Management, für den Fehlerreport sowie die Kontrolle der PPP-Sitzung. Steuerungsnachrichten werden somit aus Message Type

17

IDs und verschiedenen Paaren aus Attribut und Wert (AVP) bestimmt. Durch diese wird festgelegt um welche Art Nachricht es sich genau handelt. So werden durch AVP Daten über die Verbindungsfähigkeiten, Hostnamen, zugewiesene Tunnel-IDs, aufgetretene Fehler und auch die Forderung nach Authentifizierung signalisiert, um nur einen kleinen Teil der möglichen AVP zu nennen.

Steuerungsverbindung

Um nun PPP über L2TP zu tunneln, sind zwei Schritte nötig - der Aufbau einer Steuerungsverbindung für den Tunnel und der anschließende Sitzungsaufbau durch eine Verbindungsanforderung. Der Aufbau der Steuerungsverbindung beinhaltet auch die Authentifizierung der Gegenstelle und kann von entweder von LAC oder LNS initiiert werden. Demnach wird ein Start-Control-Connection-Request gesendet, welcher von der Gegenseite mit einem Start-Control-Connection-Reply beantwortet wird. Dem folgt eine Start-Control-Connection-Connected Nachricht und deren Beantwortung durch eine Zero-Length-Body-Nachricht, was den erfolgreichen Verbindungsaufbau signalisiert. Falls keine Daten ausgetauscht werden, wird ca. alle 60 Sekunden eine Hello-Nachricht gesendet, welche wiederum mit einer ZLB-Nachricht quittiert wird.

Sitzungsaufbau

Nachdem die Steuerungsverbindung erfolgreich aufgebaut wurde, können mehrere Sitzungen angelegt werden, wobei jede zu einem einzelnen PPP-Strom zwischen LAC und LNS gehört. Da zwischen einem Incoming Call (ein Anruf, der von einem LAC empfangen wird und an den LNS weitergegeben wird) und einem Outgoing Call (ein Anruf von einem LAC für ein LNS) unterschieden wird, ist auch der Sitzungsaufbau unterschiedlich. So wird der LNS vom LAC aufgefordert einen Incoming Call anzunehmen, und der LAC vom LNS aufgefordert einen Outgoing Call zu akzeptieren.

Tunnelung

Sobald ein erfolgreicher Sitzungsaufbau durchgefhrt wurde, können PPP-Pakete transportiert werden. Dazu werden diese in L2TP gekapselt und vom LAC über den Tunnel geschickt. Der LSN empfängt diese, und behandelt das eingeschlossene PPP-Paket so, als wäre es an einem normalen PPP-Interface angekommen. In den zu verschickenden Nachrichten werden immer Tunnel ID und Session ID des Empfängers eingebracht.

L2TP Header

Der L2TP Header ist für Daten- und Steuerungsnachrichten identisch, wobei es optionale Felder gibt, welche für Steuerungsnachrichten zwingend notwendig und für Datennachrichten optional sind. T kennzeichnet den Typ der Nachricht, 0=Daten, 1=Steuerung

T L x x S x O P x x x x Ver
Lengt (opt)
Tunnel ID
Session ID
Sequence Number Ns (opt)
ext. Seq. Number Nr (opt)
Offset Size (opt)
Offset Pad (opt)

Abbildung 2.5: L2TP-Header

L wenn L=1, so ist das Length-Feld gesetzt

S wenn gesetzt, so sind Sequenznummern vorhanden

O wenn gesetzt, so ist das Offsetfeld vorhanden

P wenn gesetzt, so sollen die Pakete mit erhöhter Priorität behandelt werden

x für zukünftige Verwendung reserviert

Ver = 2 für L2TP

Length Gesamtlänge in Byte

Tunnel ID kennzeichnet den Tunnel beim Empfänger

Session ID kennzeichnet die einzelne Sitzung im Tunnel beim Empfänger

Ns, Nr sind Sequenznummern für s=gesendete und r=empfangene Pakete

Offset bestimmt den Beginn der Daten im L2TP-Paket

2.3.3 Sicherheit

L2TP beinhaltet lediglich eine einfache optionale Tunnel-Authentifizierung mittels CHAP-Protokoll. Wenn überhaupt gewünscht, so wird diese während des Aufbaus der Steuerungsverbindung durchgeführt, indem eine Challenge AVP in die Start-Connection-Request-oder Start-Connection-Reply-Nachricht eingefügt wird, welche in der folgenden Nachricht mittels Challenge Response beantwortet werden muss. Entspricht die Antwort nicht den Erwartungen, sprich sie ist falsch, so darf der Tunnelaufbau keinesfalls durchgeführt werden. Wenn diese Authentifizierung nicht vorgenommen wird, gibt es keinerlei weitere Möglichkeiten die Vertraulichkeit der Daten zu sichern. Allerdings existiert bei der IETF ein Vorschlag zur Sicherung der Daten mittels IPSec (RFC-3193 [Sys01a]). Dies ermöglicht eine sichere End-to-End-Verbindung zwischen den Gegenstellen.

2.3.4 Schwachstellen

L2TP selbst besitzt keine Mechanismen zur Sicherung der übertragenen Daten. Das bedeutet, dass diese unverschlüsselt transportiert werden, was den eigentlichen Wunsch nach Sicherheit und Vertraulichkeit der Daten nicht erfüllen kann. Weiterhin besteht das Problem, dass bei Nicht-Nutzung von Sequenznummern bei der Übertragung von L2TP kein Paketverlust festgestellt werden kann. Toleriert das transportierte Protokoll keine Neusortierung der ankommenden Pakete, so müssen Sequenznummern verwendet werden. Ebenso kann es für das transportierte Protokoll problematisch sein, wenn Pakete verloren gehen. Daher benötigt L2TP eine Komponente, die den Schutz der Daten gewährleisten kann, beispielsweise IPSec oder TLS/SSL. RFC-3193 [Sys01a] beschreibt die Verwendung von IPSec, RFC-2716 [Cor99] beschreibt die Grundlagen für L2Sec, eine Kombination von L2TP und TLS.

2.3.5 Interoperabilität

Die Windows Server Versionen 2000 und 2003 besitzen einen L2TP-Server sowie -Client, Windows 2000 und Windows XP besitzen nur den L2TP-Client. Allerdings muss man sagen, dass dies kein „pures" L2TP arstellt, sondern die von der IETF empfohlene Variante L2TP/IPSec nach RFC-3193 [Sys01a]. IPSec dient in diesem Falle der Paketauthentifizierung, welche bei L2TP nicht vorhanden ist. Weiterhin gibt es für alle BSD und POSIX Plattformen (FreeBSD/NetBSD/OpenBSD/Apple Mac OS X, Linux/BSD/UNIX-artige BS) eine Software namens L2TPd [Div02], welche allerdings laut den Entwicklern nicht für den produktiven Einsatz gedacht ist, sondern lediglich um die Zusammenarbeit mit anderen LAC/LNS zu testen. Auch ist die L2TP-Spezifikation nach RFC-2661 [Net99] nicht vollständig implementiert.

2.4 Tinc

2.4.1 Einleitung

Tinc ist ein VPN-Server, der im Userspace läuft. Er ist Open Source Software und lizenziert unter der GNU General Public License. Seine Vorteile liegen in einer sehr einfachen Konfiguration und der Verfügbarkeit auf vielen Betriebssystemen.

2.4.2 Funktionsweise

Tinc arbeitet mit zwei verschiedenen Verbindungen: einer UDP-Verbindung für die zu übertragenden verschlüsselten Pakete und einer TCP-Verbindung zum Schlüsselaustausch sowie der Übertragung von Netzinformationen, welche deswegen auch Meta-Verbindung genannt wird. Jeder Tinc-Daemon kann gleichzeitig als Server und Client fungieren, es gibt keine Unterscheidung.

Die Meta-Verbindung

Über die Meta-Verbindung wird am Sitzungsbeginn die Authentifizierung durchgeführt. Dazu baut der Client eine TCP-Verbindung zum Server auf. Client und Server melden sich gegenseitig ihren Namen und Version. Daraufhin schicken sie sich einen mit dem zur Verfügung stehenden öffentlichen Schlüssel des Gegenübers verschlüsselten Zufallsstring. Von da an werden alle ausgehenden Informationen mit dem öffentlichen Schlüssel des Gegenübers verschlüsselt. Weiterhin schicken sich Server und Client einen verschlüsselten Zufallsstring, der vom Empfänger entschlüsselt, mittels SHA1 gehasht und anschließend verschlüsselt zurück geschickt wird. Stimmt der Hash mit dem erwarteten Ergebnis überein, ist die Authentifizierung erfolgreich abgeschlossen, denn nun steht fest, dass das Gegenüber im Besitz seines privaten Schlüssels ist.

Über die Meta-Verbindung werden nun Informationen über die Netzstruktur an andere Tinc-Daemons gesendet. Dazu gehören Nachrichten, in denen über die Verfügbarkeit eines neuen Hosts informiert wird und welches Subnetz von ihm bedient wird oder wenn ein Host deaktiviert wird bzw. nicht mehr erreichbar ist. Dadurch können alle verfügbaren Tinc-Daemons Routing-Tabellen aufbauen und aktuell halten, so dass beim Senden von Paketen an eine bestimmte Zieladresse der Weg automatisch gefunden wird bzw. die Nichterreichbarkeit sofort festgestellt werden kann. Soll nun ein Paket von A nach B gesendet werden, wird zuerst der Weg über die Routing-Tabelle bestimmt und anschließend eine Schlüsselanforderung an den nächstgelegenen Punkt in Richtung B geschickt um den privaten Schlüssel von B zu erhalten.

Der UDP-Tunnel

Sollen Pakete von A nach B geschickt werden, so werden diese nummeriert mit einer Sequenznummer, welche auch gleichzeitig den Initialisierungsvektor für jedes Pakt darstellt. Dann wird das Paket samt vorangestellter Sequenznummer verschlüsselt, ein Message Authentication Code (MAC) angehängt und das ganze als UDP-Daten verschickt.

2.4.3 Sicherheit

Sämtliche Funktionen für den Schlüsselaustausch verwenden die OpenSSL-Bibliothek und damit eine sichere RSA-Verschlüsselung. Durch das Anfügen eines Message Authentication Code kann gewährleistet werden, dass die übertragenen Pakete auf ihrem Weg zwischen den Stationen nicht verändert wurden und die dem verschlüsselten Paketinhalt vorangestellte Sequenznummer ist zur Verhinderung von Replay-Attacken eingesetzt.

2.4.4 Schwachstellen

In Versionen vor 1.0 Final wurden mehrere Schwachstellen aufgedeckt. In Versionen vor 1.0pre3 betraf dies den Schlüsselaustausch. Weiterhin wurde von Jerome Etienne [Eti01] 2001 auf verschiedene Faktoren hingewiesen, welche es ermöglichten übertragene Daten abzuhören und zu manipulieren. Ein Problem war, dass das Tinc-Protokoll bis dahin keine Paketauthentifizierung besaß. Das resultierte darin, dass durch einen Angreifer übertragene Pakete verändert werden konnten ohne dass dies bemerkt wurde. Auch war der Initialisierungsvektor für die Paketverschlüsselung nur ein 16 Bit Zufallswert. Laut Geburtstagsproblem beträgt die Wahrscheinlichkeit 2 Pakete mit gleichem Initialisierungsvektor zu erhalten bereits 40% bei 255 verschlüsselten Paketen, 90% bei 536 Paketen und nahezu 100% bei 1000 Paketen. Demnach ist ein Man-in-the-middle-Angriff sehr erfolgsversprechend um den Initialisierungsvektor zu ermitteln. Ein anderes Problem war das Fehlen einer Sequenznummer, was das Protokoll für Replay-Angriffe anfällig machte. Ein Mitlauscher konnte dementsprechend übertragene Pakete protokollieren und später erneut zum Server schicken ohne entdeckt zu werden. Mittlerweile sind all diese Schwachstellen behoben. Das Protokoll wurde mit einer 32 Bit langen Sequenznummer und einer Paketauthentifizierung (4 Byte langer Message Authentication Header) versehen. Außerdem wurde der Initialisierungsvektor auf 32 Bit verlängert, was einen Geburtstagsangriff extrem erschwert. Damit sind alle bekannt gewordenen Sicherheitslücken in aktuellen Versionen behoben.

2.4.5 Interoperabilität

Tinc ist für verschiedene Betriebssysteme verfügbar: Linux (i386, sparc, powerpc, alpha), FreeBSD (i386), Solaris (sparc32), OpenBSD (i386), NetBSD (i386), Darwin (Mac OS/X, powerpc), sowie für Windows (i386) unter Cygwin als auch als native Anwendung. Nach Aussage der Programmautoren wird an einer Portierung auf weitere Linux-Architekturen sowie GNU Hurd gearbeitet. Implementierungen direkt in Hardware gibt es nicht. Tinc ist nicht kompatibel mit anderen VPN-Lösungen.

2.5 OpenVPN

2.5.1 Einleitung

OpenVPN ist, ebenso wie Tinc, ein VPN-Server im Userspace, Open Source Software und lizenziert unter der GNU GPL. Seine Vorteile liegen in der Benutzung eines Standardsprotokolls (TLS/SSL) für Transport und Sicherung der zu übertragenden Daten. Eine relativ einfache Installation und Konfiguration sowie die Verfügbarkeit auf den am häufigsten benutzten Betriebssystemen haben zu einer recht schnellen Verbreitung von OpenVPN geführt.

2.5.2 Funktionsweise

OpenVPN hat verschiedene Arbeitsmodi. Standardmäßig arbeitet es im Point-To-Point-Modus über UDP. Das bedeutet, dass es keine Unterscheidung zwischen Client und Server gibt, jeder Client ist gleichzeitig Server. Für Fälle, in denen die Nutzung von UDP nicht möglich ist (bspw. durch Firewallbeschränkungen), gibt es die Möglichkeit der Verwendung von TCP. Dabei wird jedoch zwischen Client und Server unterschieden. Demnach gibt es einen Multi-Client Server, d.h. ein Server wartet auf die Verbindung von einem oder mehreren Clients. Wenn nicht unbedingt nötig, sollte jedoch der P2P-Modus verwendet werden, da dadurch das Netz flexibler bleibt. Weiterhin besteht die Möglichkeit zu einem Remote-Host über einen HTTP- oder Socks-Proxy zu verbinden. Auch die Komprimierung der verschlüsselten Pakete ist möglich.

Authentifizierung

OpenVPN kann zwei verschiedene Möglichkeiten der Authentifizierung nutzen: Nutzung eines Static Key oder Nutzung von SSL/TLS Zertifikaten. Auch die Deaktivierung der Authentifizierung ist möglich, wenn auch nicht empfehlenswert.

Static Keys In ersterem Falle werden Preshared Keys von den Kommunikationspartnern erzeugt und müssen von Hand zwischen den Hosts ausgetauscht werden. Der Static Key enthält vier unterschiedliche Schlüssel: HMAC [IBM97] für senden, HMAC für empfangen sowie um zu ver- und entschlüsseln. Standardmäßig werden von den Hosts identische Schlüssel benutzt.

SSL/TLS Bei Verwendung des SSL/TLS Modus muss jeder Kommunikationspartner sein eigenes Zertifikat besitzen, da die SSL Session mit bidirektionaler Authentifizierung aufgebaut wird. Da OpenVPN viele kryptografische Funktionen der OpenSSL-Bibliothek nutzt, werden nach erfolgreicher Authentifizierung die Schlüssel von eben dieser Bibliothek zufällig erzeugt. Das hat zur Folge, dass alle 4 Schlüssel bei jedem Host unterschiedlich sind.

Der Verbindungsaufbau bzw. die Authentifizierung erfolgt in 4 Schritten:

1. Der Client sendet eine Hello-Nachricht zum Server, was den Handshake startet. Zusätzlich wird eine Liste unterstützter Verschlüsselungsalgorithmen gesendet sowie

der erste Parameter des Diffie-Hellman Verfahrens.

2. Der Server sucht sich daraufhin einen der Verschlüsselungsalgorithmen aus und sendet diesen zurück an den Client sowie sein eigenes von der CA signiertes Zertifikat. Außerdem wird der Server-Teil des DH-Verfahrens gesendet und eine Anforderung, dass der Client sein Zertifikat übermitteln soll.

3. Der Client sendet nun sein eigenes Zertifikat an den Server. Außerdem sendet er das Pre-Master-Secret, welches der entscheidende Part im DH-Verfahren ist. Dieses ist verschlüsselt mit dem Public Key des Servers. Der Server empfängt dieses und entschlüsselt es. Daraufhin kann das Master-Secret erzeugt werden welches als Basis für die Generierung der symmetrischen Schlüssel beider Partner dient und die Kommunikation erfolgt von nun an mit eben diesen Schlüssel verschlüsselt. Der Client sendet noch einen letzten HMAC, welcher alle gesendeten Parameter einschließt.

4. Der Server schickt nun seinerseits noch den HMAC um sicherzustellen, dass kein Man-in-the-Middle die gesendeten Parameter, wie zum Beispiel den Verschlüsselungsalgorithmus, verändert hat und Client und Server die gleichen Parameter verwenden.

Datenübertragung

Zum anschließenden Transport der Pakete wird UDP benutzt. Es ist zwar möglich TCP zu benutzen, was aber nicht empfehlenswert ist. Dies liegt daran, dass TCP drei Nachrichten sendet, um ein Paket zu übertragen. Wird nun in dem TCP-Tunnel wiederum eine TCP-Verbindung getunnelt, so verursacht jedes dieser In-Tunnel-Pakete neun Nachrichten, was die Verbindung extrem verlangsamt. Hinzu kommt, dass diese zwei TCP-Verbindungen womöglich unterschiedliche Timeouts besitzen. Ist der Timeout der getunnelten Verbindung geringer, als der der Tunnel-Verbindung, so führt dies im Fehlerfalle zu einem exponentiell ansteigenden Geschwindigkeitsverlust. Wird ein Paket der getunnelten Verbindung gesendet und das verschlüsselte Paket der Tunnelverbindung überschreitet den Timeout der getunnelten Verbindung, so wird versucht das zu tunnelnde Paket erneut zu senden, obwohl der Timeout der Tunnelverbindung noch nicht erreicht wurde. Dies verursacht wieder unzählige TCP-Nachrichten, was unter Umständen zu einem DoS führen kann.

Ein verschlüsseltes Paket hat nun folgenden Aufbau: Im Static Key Mode ist der Unique

HMAC	IV	Verschlüsselte Daten	
		Unique Identifier	IP/Ethernet Frame

Abbildung 2.6: OpenVPN

Identifier ein 64 Bit langer Wert, welcher eine Kombination aus Zeitstempel und inkrementierender Sequenznummer darstellt. Im TLS-Mode ist der Wert eine 32 Bit lange Sequenznummer ohne Zeitstempel.

2.5.3 Sicherheit

Da der Großteil der kryptografischen Funktionen von der OpenSSL-Bibliothek geerbt wird, kann man von sehr sicherer Funktionsweise bei Authentifizierung und Verschlüsselung ausgehen. Die Verwendung der zertifikatbasierten Authentifizierung ist der Verwendung von Preshard Keys vorzuziehen. Eine positive Erweiterung gegenüber dem original TLS besteht darin, dass die Nutzung eines Preshared Key zusammen mit der Option –tls-auth es ermöglicht einen HMAC zur Authentisierung derjenigen Pakete zu nutzen, die selbst Teil der TLS-Handshake Sequenz sind. Dies hat den Vorteil, dass ein Angreifer keine TLS-Authentisierung initiieren kann ohne die Fähigkeit Pakete mit dem gültigen HMAC zu produzieren.

Laut OpenVPN FAQ [Ope] kann man das Sicherheitsmodell folgendermaßen zusammenfassen: Man nehme IPSecs ESP zur Sicherung des Tunnels, ersetze dann aber IKE durch SSL/TLS zur Authentizitätssicherung. Dies ermöglicht eine „leichtgewichtige" und portable VPN-Lösung mit den Stärken von IPSec aber ohne die Komplexität von IKE.

2.5.4 Schwachstellen

Das heute verwendete Sicherheitsmodell von OpenVPN wird seit April 2002 verwendet und weiterentwickelt und seitdem sind keine von der Implementierung verschuldeten Sicherheitsprobleme bekannt geworden. Dies bedeutet nicht, dass OpenVPN 100%ig sicher ist, sondern lediglich, dass es sich um eine sehr sichere Lösung handelt.

2.5.5 Interoperabilität

In der momentan aktuellen Version 2.0 gibt es OpenVPN für die Plattformen Windows 2000/XP und höher, Linux, Solaris, NetBSD, FreeBSD, OpenBSD und Mac OS X. Hardwarelösungen existieren nicht. Entscheidend für Zusammenarbeit der einzelnen Betriebssysteme und Kommunikationspartner ist die Benutzung eines gleichartigen Tunneldevices, also TUN oder TAP, jedoch nicht gemischt. Mit anderen SSL-VPNs ist es nicht interoperabel.

2.6 Weitere Lösungen

Es gibt noch eine Vielzahl weiterer mehr oder minder bekannter VPN-Lösungen am Markt. Da die Analyse und die folgenden Test jedoch den Rahmen dieser Diplomarbeit sprengen würden, soll nur eine kurze Übersicht aufgezeigt und die Gründe für den Ausschluss aus der detaillierten Analyse dargelegt werden.

2.6.1 SSL VPNs

Mittlerweile existieren mehrere Lösungen auch in Hardware für VPNs auf SSL Basis, ähnlich OpenVPN. Hersteller solcher Gateways sind zum Beispiel Cisco, F5 Networks, Juniper und Checkpoint. Da für die Untersuchung kein solches Hardwareprodukt zur Verfügung steht, führt dies zum Ausschluss.

2.6.2 SSH Secure Shell

Secure shell oder SSH ist ein Netzwerkprotokoll und dessen Implementierung, was zum Einloggen auf einem entfernten Computer über das Internet dient. Dabei erfolgt die Verbindung authentifiziert und verschlüsselt. Mit SSH ist es möglich einzelne Ports über die Verbindung zu tunneln um bspw. auf einen Mailserver des erreichten Netzwerkes zuzugreifen. Da man aber mit SSH nur mit viel Aufwand bei der Clientkonfiguration auf alle Dienste der PCs bzw. des Netzes zugreifen kann, ist diese Möglichkeit recht unpraktikabel. Für den Zugriff von nur wenigen Rechnern auf einen Server mag dies sinnvoll sein, um ein komplettes Netz aufzubauen nicht. Es ist zwar möglich, über die SSH-Verbindung wiederum eine PPP-Verbindung zu tunneln, welche anschließend den Netzwerkzugriff komplett gestatten kann, jedoch ist diese Variante nur mit Zusatztools möglich und nicht für einen Produktiveinsatz wie bspw. in der Industrie zu empfehlen. Tools für diese Möglichkeit konnten zudem nur für Linux gefunden werden. Daher soll SSH nicht näher betrachtet werden.

2.6.3 GNU Virtual Private Ethernet

GNU Virtual Private Ethernet, kurz GVPE, ist ebenfalls ein VPN-Daemon im Userspace, dessen einfaches Design von vornherein sicherheitskritische Aspekte auszuschließen versucht und der eine möglichst einfache Konfiguration des VPN ermöglichen will. Der Quellcode ist erhältlich und auch Binärpakete sind für die *BSD-Systeme, Linux, Windows und Mac vorhanden. Während den Tests scheiterte leider aus noch unbekannten Gründen die Kompilierung auf einigen Linux-Systemen. Leider ist die Windows Windows-Anwendung nur mit Cygwin lauffähig, eine native Anwendung gibt es noch nicht. Da das Ziel jedoch ist VPNs im Hinblick auf deren Einsatz in Produktivumgebungen zu untersuchen, sind dies Gründe für den Ausschluss aus der detailierten Analyse. Zumindest für Windows sollte die Anwendung nativ laufen, für einen VPN-Client Cygwin installieren zu müssen, ist inakzeptabel.

2.6.4 Sonstige

Es gibt noch zahlreiche weitere VPN-Technologien, meist aus der Open Source Szene. Beispiele hierfür sind:

- Amrita VPN - nutzt SSL, nur für Linux, Entwicklung offenbar 2003 eingestellt

- HTun - tunnelt IP über HTTP, nur für Linux, Entwicklung offenbar 2003 eingestellt

- Nest - nur für BSD

- SSL-Explorer - SSL VPN, welches Datei- und Webserverzugriff, Active Directory Authentifizierung und Nutzung von Java Applikationen mittels WebDAV und über einen Webbrowser realisiert

- SLAN, für Windows/Linux, Entwicklung 2002 eingestellt

- yavipin, nur für Linux, Entwicklung 2002 eingestellt

- VTun, für *BSD, Linux, Solaris, Entwicklung 2001 eingestellt

Sicher ist diese Liste erweiterbar, da unvollständig. Alle Lösungen haben jedoch den Nachteil, dass sie entweder nicht mehr entwickelt werden und demnach unaktuell sind, nur für bestimmte Systeme existieren oder aber keine Realisierung eines vollständigen Netzwerkes mit Zugriff auf alle Dienste gewährleisten können. Aus diesen Gründen sollen die Lösungen auch keine Beachtung in dieser Diplomarbeit finden.

3 Gegenüberstellung - Vergleich

Um Aussagen über die Einsatzmöglichkeiten der untersuchten VPN-Lösungen treffen zu können, sollen diese unter gleichen Aspekten betrachtet werden. Dazu gehören:

- Installation

- Konfiguration

- Einsatz in verschiedenen Infrastrukturen

- Wartung

Außerdem ist es von Interesse, mit welchem zeitlichen Rahmen und welchen möglichen Investitionen eine Infrastruktur aufgebaut und gewartet werden kann, wie die Skalierbarkeit ist und welche Probleme möglicherweise zu erwarten sind. Als Testsysteme kommen mehrere Windows XP Professional, ein Windows NT 4 Server, ein Windows 2000 Server und Linux (in Gestalt von SuSE 9.2 und 8.1 Professional) zum Einsatz. Andere Betriebssysteme wie *BSD, Mac OS oder Solaris sollen nur kurz Erwähnung finden, in der genaueren Betrachtung und den Tests jedoch nicht hinzugezogen werden. Als Hardwareimplementierung bei IPSec steht ein Lancom 1621 ADSL der Firma Lancom Systems GmbH zur Verfügung.

3.1 Installation

Im folgenden soll festgestellt werden, wie eine Installation der betrachteten Lösungen unter verschiedenen Betriebssystemen oder mit unterschiedlicher Hardware verläuft, welche Probleme auftreten können und wie der zeitliche Aufwand einzuschätzen ist.

3.1.1 PPTP

Die Installation von PPTP auf Windows PCs entfällt, da dieses bereits im Lieferumfang enthalten ist. So können diese Systeme ohne Zusatzsoftware Client aber auch Server für PPTP sein. Für Linux steht PoPToP als Server bereit, welcher von [PoP] heruntergeladen werden kann, sofern er nicht im Lieferumfang der Distribution enthalten ist. Die Konfigurationsdatei ist gewöhnlich /etc/pptpd.conf. „PPTP Client" ist existent als Client für MS-PPTP für Linux, FreeBSD, NetBSD und OpenBSD.

3.1.2 IPSec

Die Installation eines VPNs auf IPSec-Basis unterscheidet sich stark zwischen den einzelnen Betriebssystemen. Weiterhin gibt es mehrere Anbieter von Hardwarelösungen, wie bspw. Cisco, Checkpoint, Symantec, Eicon, wobei auch hier die Unterschiede sehr groß sind. Als zur Verfügung stehender Vertreter von Hardware soll ein Produkt der Firma Lancom Systems, der Lancom 1621 ADSL/ISDN, herangezogen werden. Dieses Gerät ist in erster Linie Router jedoch mit IPSec-VPN-Funktionalität.

Hardwarelösungen

Eine Installation in dem Sinne gibt es bei Lösungen in Hardware nicht, lediglich eine günstige physikalische Position im Netzwerk (bspw. in der DMZ) und der korrekte Anschluss müssen gewährleistet sein. Im Vorhinein sollte man auch abschätzen, wieviele IPSec-Kanäle man benötigt, d.h. wieviele IPSec-Verbindungen im Maximalfall gleichzeitig aufgebaut sind. Dies liegt darin begründet, dass die einzelnen Hardwareprodukte meist eine Begrenzung der gleichzeitigen Verbindungen besitzen, welche sich jedoch teilweise durch Kauf zusätzlicher Lizenzen erhöhen lässt. Im Falle des Lancom 1621 sind dies 5 Verbindungen. Da aber normalerweise jeder Hersteller für die Anbindung von Einzelrechnern bzw. Roadwarriorn über das VPN einen eigenen Softwareclient mitliefert, kann dessen Installation im jeweiligen System nötig sein. Die Verfügbarkeit solcher Clients beschränkt sich allerdings meist auf die Windows-Welt, Ausnahmen gibt es, jedoch sind diese selten (z.B. Cisco). Zudem sind die Lizenzpolitiken der Hersteller verschieden, so dass es auch sein kann, dass der Client nur durch zusätzliche Kosten erworben werden kann und nicht kostenlos beiliegt. Im Falle von Lancom ist dies der sogenannte Advanced Client, der allerdings in Lizenz vertrieben wird, Hersteller ist NCP.

Windows NT/2000/XP/2003

In allen Punkten, in denen die Rede von Windows-Systemen ist, soll dies als Synonym für Windows NT, 2000 und XP gesehen werden. Andere Versionen, wie Windows 95/98/ME, sollen keine Berücksichtigung finden, da diese schlicht zu alt sind, ihre Verbreitung stark abgenommen hat oder die Unterstützung von VPN-Lösungen zu gering ist. Windows 2000/XP/2003 ist von Haus aus IPSec-fähig, diese Funktionalität ist aber leider als solche schwer erkennbar, da als IP-Sicherheitsrichtlinien in der Microsoft Management Konsole benannt. Zusätzlich kann, falls es sich beim Kommunikationspartner um ein Hardwareprodukt handelt, der zugehörige VPN-Client installiert werden. Dies resultiert meist darin, dass ein zusätzliches Netzwerk-Tunneldevice im System installiert wird, wie bspw. bei den Clients von Intel und NCP.

Linux (Kernel >= 2.4.0)

Um unter Linux eine IPSec-Verbindung zu ermöglichen, gibt es zwei hauptsächliche Möglichkeiten. Dabei muss aber zwischen Linux Kernel 2.4 und 2.6 unterschieden werden. Für Version 2.4 existiert nur die Möglichkeit FreeS/WAN (mittlerweile OpenS/WAN) zu nutzen, welche aus einem Kernelmodul (KLIPS) und zugehörigen Werkzeugen für die Konfiguration besteht. Da das Modul nie von Linus Torvalds abgesegnet wurde, fehlt allerdings das FreeS/WAN Paket in einigen Distributionen und muss nachträglich beschafft werden, sinnvollerweise durch Kompilieren des Quellcodes.

Für Kernel 2.6 wiederum wurde ein eigener IPSec-Stack, durch Portierung des IPSec-Stacks des USAGI-Projektes, implementiert, so dass die IPSec-Fähigkeit bereits im Basissystem enthalten ist. Weiterhin wird ein IKE Daemon benötigt; entweder aus dem ipsec-tools Paket, welches die Tools racoon und setkey enthält, oder der isakmpd des KAME-Projekts.

FreeBSD, NetBSD, OpenBSD

Das KAME-Projekt, welches sehr eng mit dem USAGI-Projekt zusammenarbeitet, entwickelt den IPv6- und IPSec-Stack der BSD-Systeme, was sehr weit fortgeschritten ist. Da diese Arbeit größtenteils von USAGI übernommen wurde, ähnelt sich die Installation/Konfiguration unter *BSD sehr der von Linux 2.6.

Mac OS X

Um unter Mac OS X ein IPSec-VPN aufzubauen, steht wie unter Linux der IKE Daemon racoon sowie setkey zur Verfügung. Dementsprechend gestaltet sich die Installation ähnlich.

3.1.3 L2TP

Eine Installation von L2TP ist für die Windows-Versionen 2000/2003/XP unnötig, da es bereits im Lieferumfang enthalten ist. Für Windows 98/ME und NT 4.0 Workstation gibt es von Safenet für Microsoft entwickelt einen installierbaren L2TP-Client. Unter Linux gibt es diverse frei verfügbare Implementierungen von L2TP, wobei keine für den Produktiveinsatz gedacht ist.

3.1.4 Tinc

Das es keine Hardwareimplementierungen von Tinc gibt, kann eine Installation nur unter verschiedenen Betriebssystemen betrachtet werden. Wie bereits genannt, existieren in Version 1.0.4 Portierungen für die Plattformen Windows 2000/XP und höher, Linux, Solaris, NetBSD, FreeBSD, OpenBSD und Mac OS X. Für technisch versierte Nutzer bzw. Administratoren, die fähig sind selbst Programme zu kompilieren, empfiehlt sich der Download der Quellcodes, vorgefertigte Pakete sind jedoch ebenfalls vorhanden, was sich vor allem für Windows anbieten dürfte. Wichtig ist, dass das jeweilige Betriebssystem ein TUN bzw. TAP Device besitzt, da dieses von Tinc als Schnittstelle benutzt wird - obige Bestriebssysteme besitzen ein solches von Haus aus oder es ist nachträglich installierbar. Im Installationspaket für Windows wird ein TUN/TAP-Device gleich mitgeliefert. Wichtig ist darauf zu achten, dass die kommunizierenden Systeme die gleiche Art von Device, also entweder TUN oder TAP verwenden, denn TUN arbeitet mit IP Frames, TAP mit Ethernet Frames. Die Installation als solches kann man als unkompliziert betrachten; sind alle Voraussetzungen erfüllt, ist sie nach wenigen Minuten abgeschlossen.

3.1.5 OpenVPN

Ebenso wie bei Tinc gibt es von OpenVPN keine Lösungen in Hardware. Dies resultiert wieder darin, dass nur verschiedene Betriebssysteme herangezogen werden können. Wie bereits genannt, existieren in Version 2 Portierungen für die Plattformen Windows 2000/XP und höher, Linux, Solaris, NetBSD, FreeBSD, OpenBSD und Mac OS X. Analog zu Tinc gilt es zu beachten, dass ein TUN oder TAP Device für die Kommunikation vorhanden ist. Die Installation verläuft unproblematisch, sofern alle Voraussetzungen erfüllt sind; sie ist nach wenigen Minuten abgeschlossen. Für Windows gibt es zusätzlich das Paket OpenV-PNGUI, welches einige grafische Werkzeuge für die Konfiguration mitbringt. So ist ein Wizard vorhanden, der bei der Erstellung der x509-Zertifikate behilflich ist.

3.1.6 Zusammenfassung

Zusammenfassend ist zu sagen, dass die Installation aller betrachteten Technologien unkompliziert ist. Tinc und OpenVPN liegen als Binärpakete bzw. problemlos kompilierbarer Quellcode vor, die nötigen Tunneladapter sind bereits Bestandteil der Betriebssysteme bzw. leicht nachinstallierbar. Somit ist eine Installation binnen kürzester Zeit realisiert. Die PPTP-Installation ist für Windows und Mac OS nicht nötig da dies bereits im Lieferumfang enthalten ist. Für Linux steht PoPToP sowie PPTP-Client zur Verfügung, welcher entweder als Binärpaket in der Distribution enthalten sein kann oder aber über den Quellcode erhältlich ist. L2TP ist ebenfalls bei Windows und Mac OS bereits integriert, für Linux gibt es zwar mehrere Implementierungen, jedoch ist die Verwendbarkeit in Produktivsystemen fraglich. Alle modernen Betriebssysteme unterstützen IPSec und Verwaltungstools stehen, mit verschiedenen Fähigkeiten, zur Verfügung. Hardwareprodukte gibt es am Markt von vielen Herstellern; mitgeliefert werden meist eigene VPN-Softwareclients.

3.2 Konfiguration

3.2.1 PPTP

Die Konfiguration von PPTP stellt sich sowohl unter Windows wie auch unter Linux recht einfach dar. Für Windows existieren grafische Oberflächen und Assistenten, welche die Einrichtung auch für unerfahrenere Nutzer auf einfache Weise ermöglichen. So wird der

Kriterium	PPTP	IPSec	L2TP	OpenVPN	Tinc
Windows	Lieferumfang	Lieferumfang	Lieferumfang	Binärpaket oder Quellen	Binärpaket oder Quellen
Linux	PoPToP als Server, Client vorhanden	Stack im Lieferumfang, Usertools erhältlich	L2TPd installierbar	Binärpaket oder Quellen	Binärpaket oder Quellen
andere Betriebssysteme	*BSD, Mac OS/X	für die meisten Systeme verfügbar	*BSD, Mac OS/X	*BSD, Solaris, Mac OS/X	*BSD, Solaris, Mac OS/X
Hardware	vorhanden	vorhanden	vorhanden	nicht vorhanden	nicht vorhanden
Arbeitsaufwand	gering	gering	gering	gering	gering
Zeitaufwand	gering	gering	gering	gering	gering

Tabelle 3.1: Zusammenfassung Installation

VPN Client über den Netzwerkassistenten in wenigen Schritten konfiguriert. Soll Windows als Server für PPTP fungieren, so ist dies zwar mit Windows 2000 Pro und Windows XP möglich, jedoch ist die Verwendung der Serverversionen zu bevorzugen, da diese eher für die Funktion als Einwahlserver konzipiert wurden. Die Konfiguration der Windows-Server erfolgt dann über den Routing- und RAS-Dienst. Unter Linux kommt als Server-Daemon PoPToP zum Einsatz, dessen Konfiguration über ein simples Konfig-File erfolgt. Die Einrichtung der Zugangsdaten für die Clients erfolgt über die Datei /etc/ppp/chap-secrets, deren Daten ebenso vom PPTP-Client genutzt werden.

3.2.2 IPSec

Da es zahlreiche verschiedene Lösungen für IPSec gibt, sollen hier nur einige wenige als Beispiel genannt werden, die in den folgenden Testszenarien auch Anwendung finden werden.

Windows 2000/XP

Die IPSec-Konfiguration von Windows 2000 und XP geschieht auf identische Weise. In den Sicherheitsrichtlinien von Windows ist ein Punkt namens IP-Sicherheitsrichtlinien existent, hinter dem sich die IPSec-Konfiguration verbirgt. An dieser Stelle werden einzelne Richtlinien angelegt, wobei nur jeweils eine aktiv sein darf. Dementsprechend müssen in einer solchen Richtlinie die Parameter aller aufzubauenden VPN-Verbindungen definiert werden, indem jeder Tunnel als eine sogenannte IP-Filterliste definiert wird. In dieser werden die kommunizierenden Rechner oder -netze definiert, ob es sich um einen Tunnel handelt, in welcher Kombination und mit welchen Hash- und Verschlüsselungsalgorithmen ESP oder AH genutzt werden und ob Preshared Keys, Zertifikate oder Kerberos als Authentifizierungsmethode eingesetzt wird. Ein Problem bei der IPSec-Konfiguration mit Windows besteht darin, dass keine Domainnamen für die Kommunikationspartner angegeben werden können, sondern nur IP-Adressen. Besitzt nun die Gegenstellen keine festen IP-Adressen sondern bekommen bei jeder Einwahl beim ISP eine neue IP, so gestaltet sich die statische Konfiguration über die Sicherheitsrichtlinien recht schwierig bzw. ist unmöglich. Eine Alternative ist die Nutzung von ipsecpol.exe bzw. ipseccmd.exe aus den Support-Tools von Windows 2000 bzw. XP. Damit können die Sicherheitsrichtlinien dynamisch erzeugt werden und dementsprechend ist ein Aufruf über ein Skript vorteilhaft, welches vorher die aktuelle IP-Adresse auflösen kann, die sich hinter dem Domainnamen verbirgt.

Linux 2.6

Da für Linux die Möglichkeiten FreeS/WAN, isakmpd und racoon für IPSec zu Wahl stehen, eine komplette Beschreibung dieser drei Möglichkeiten jedoch zu komplex wäre, soll in den Tests racoon mit setkey zum Einsatz kommen. Für Beispiele und Dokumentationen mit FreeS/WAN und isakmpd empfiehlt sich [2].

Das Programm setkey dient der Konfiguration von IPSec im 2.6er Linux Kernel, indem damit die Security Association Datenbank und die Security Policy Datenbank bearbeitet werden. Die Parameter erhält es entweder über die Standardeingabe oder eine Datei. Prinzipiell ist eine IPSec-Verbindung bereits mit setkey auch ohne racoon möglich, dabei werden aber die benötigten Schlüssel manuell erzeugt und ausgetauscht. Racoon ist ein IKE-Daemon, der sich um diese Aufgabe automatisch kümmert. Er nutzt das IKE-Protokoll zur Aushandlung der ISAKMP-SA und der darauf folgenden Erzeugung der IPSec-SAs. Muss ein Paket vom Kernel entsprechend der SPD verschlüsselt oder authentifiziert werden und er besitzt nicht die zugehörige SA, so wird racoon aufgefordert diese auszuhandeln und bereitzustellen. Racoon ist in der Lage mit Zertifikaten und Preshared Keys für die Authentifizierung zu arbeiten. Das Problem dynamischer IP-Adressen besteht bei racoon ebenso wie bei Windows. Sofern der VPN-Server eine feste IP besitzt und sich Clients mit dynamischer IP-Adresse einwählen, stellt dies noch kein Problem dar, haben beide Seiten eine dynamische Adresse, so ist die Verwendung eines Skripts nötig, welches diese über den DynDNS-Namen ermittelt und die Konfigurationsdatei für racoon anhand derer erzeugt. Bei isakmpd besteht im übrigen ebenfalls dieses Problem, lediglich FreeS/WAN beherrscht die Verwendung von Domainnamen.

3.2.3 L2TP

Für die Beispiel-Konfigurationen kommt als VPN-Server ein Windows 2000 Advanced Server zum Einsatz. Für einfache Anwendungsfälle, wie der Verbindung von nur zwei Rechnern, ist auch die Nutzung von Windows 2000 Professional sowie Windows XP möglich. Diese können ebenfalls als RAS-Server fungieren, sofern es sich nur um eine gleichzeitige VPN-Verbindung handelt. Da es für Linux keine für den Produktiveinsatz gedachten L2TP-Server gibt, dürfte Windows als Server, neben Hardwarelösungen, wohl einer der am häufigsten eintretenden Fälle sein. Da jedoch in Windows kein pures L2TP zu finden ist, sondern die von der IETF vorgeschlagene Variante L2TP/IPSec zur Sicherung des Datenverkehrs, muss diese Variante auch in den Tests zum Einsatz kommen. Die eigentliche Konfiguration wird dann, analog zu PPTP im Windows NT 4.0 Server, über die Routing- und RAS-Dienste durchgeführt. Zu Beginn muss der Server über die Servereigenschaften als RAS-Server aktiviert werden. Zusätzlich aktiviert man vorteilhafterweise gleich das Routing, damit die Übertragung aller Informationen von und zu den Clients bzw. Netzwerken ordnungsgemäß durchgeführt werden kann. Weiterhin muss die IP-Vergabe eingestellt werden. Entweder man erteilt den einwählenden Clients per DHCP eine IP-Adresse oder legt einen statisch zu vergebenden Adress-Pool an, aus dem die Adressen den Clients zugewiesen werden. Je nach Größe des Adressbereiches wird von Windows eine entsprechende Anzahl an VPN-Ports erstellt, die dann den eingewählten Clients zugeteilt werden. Zusätzlich muss über die RAS-Richtlinienverwaltung bestimmt werden, welche Authentifizierungsarten für die Clients erlaubt sind. Ebenso müssen Nutzeraccounts angelegt bzw. für den Verbindungsaufbau per VPN freigeschaltet werden. Die Konfiguration der einwählenden Windows Rechner gestaltet sich recht einfach. Es muss lediglich eine neue VPN-Verbindung über die Netzwerkeinstellungen erstellt werden. Die eigentliche Schwierigkeit der L2TP-Konfiguration besteht im IPSec-Teil, auf den allerdings an dieser Stelle nicht tiefer eingegangen werden soll. Auf beiden Seiten besteht jedoch ein prinzipiell von L2TP unabhängiges Problem. Windows 2000 ist standardmäßig nur in der Lage, L2TP/IPSec-Verbindungen bei Nutzung von Zertifikaten aufzubauen, Preshared Keys sind nicht möglich. Diesen Umstand kann man allerdings über einen Eingriff in der Windows-Registry umgehen, indem dem Schlüssel

```
HKLM\System\CurrentControlSet\Services\Rasman\Parameters
```

der Wert

```
Name: ProhibitIPSec Typ: REG_DWORD Wert: 1
```

hinzugefügt wird. Dies gestattet den Einsatz von Preshared Keys, allerdings setzt dies auch die automatische Erstellung der für L2TP korrekten IPSec-Richtlinien außer Kraft, welche man nun von Hand anlegen muss. Sind diese Vorkehrungen getroffen, steht der Einwahl von L2TP-Clients nichts mehr im Wege. Bei Windows XP entfällt dieses Problem, die Eingabe des Preshared Key ist bereits beim Anlegen der neuen Verbindung möglich und damit auch dessen Nutzung.

3.2.4 Tinc

Tinc unterscheidet sich von den weiteren VPN-Lösungen insofern, als dass die Betrachtungsweise des VPNs nicht auf die aufzubauenden Tunnel selbst, sondern nur auf die Endpunkte gerichtet ist. Demnach muss man bei der Planung des zu implementierenden Szenarios Augenmerk nicht darauf legen, dass zwischen Hosts oder Netzwerken, die miteinander kommunizieren wollen, ein direkter Tunnel besteht, sondern vielmehr darauf, dass zwischen diesen Partnern wenn nicht direkt, dann zumindest indirekt über anderen Tinc-Daemons, eine Verbindung besteht. Dies liegt darin begründet, dass Tinc eine Selbstorganisation des Netzes durchführt. Sämtliche Routinginformationen werden selbständig zwischen den Tinc-Daemons ausgetauscht, ebenso wie die öffentlichen Schlüssel nicht direkt verbundener Daemons. Tinc arbeitet mit einer Hauptkonfigurationsdatei tinc.conf, in welcher der Name der Station, das zu benutzende Interface oder Device sowie der Pfad zum privaten Schlüssel hinterlegt ist. Als Device bzw. Interface kommt ein TUN-Device zum Einsatz, ein TAP-Device ist auch möglich, jedoch soll an dieser Stelle daruf verzichtet werden. Die Konfiguration bei TAP unterscheidet sich teilweise ewas, im Grunde ist sie jedoch ähnlich. Soll diese Station selbst Verbindungen zu anderen Partnern aufbauen, so wird dies ebenfalls angegeben. Sollen auf einem Rechner mehrere Tinc-Daemons gestartet werden, so legt man je ein Unterverzeichnis mit einem Konfigurationsnamen an, welcher dann dem Tinc-Daemon als Parameter bergeben wird.

```
# tinc.conf auf A1

# eigener Name
Name = A1

# Device
Device = /dev/net/tun

# zu wem verbinden
ConnectTo = B1

# privater Schlüssel
PrivateKeyFile = /etc/tinc/rsa_key.priv
```

Zu Beginn muss nun jeder Host ein RSA-Schlüsselpaar mittels

```
tincd -K
```

generieren; der private Schlüssel wird in der Datei rsa_key.priv gespeichert, der öffentliche Schlüssel wird im Unterverzeichnis hosts an die Datei angehängt, die den Namen des Rechners trägt. In dieser wird weiterhin der Listening-Port, sofern vorhanden die eigene öffentliche Adresse oder IP, und das Subnetz, was sich hinter dem Host verbirgt, eingetragen:

```
# hosts/A1
Port = 655
Subnet = 192.168.3.0/24

-----BEGIN RSA PUBLIC KEY-----
...
-----END RSA PUBLIC KEY-----
```

Diese Hosts-Dateien bzw. deren Informationen müssen nun zwischen den Rechnern ausgetauscht werden. Für die Rechner, zwischen denen eine direkte Verbindung besteht, geschieht der Austausch der Dateien per manuellem Kopieren. Der Austausch zwischen den indirekt verbundenen Rechnern erfolgt automatisch über die Meta-Verbindung. Besondere Obacht ist gegeben, wenn Rechner mit unterschiedlicher Charakteristik des Zeilenumbruches anzubinden sind, wie Windows und Linux. So entstanden während der Tests Probleme, da die Hosts-Dateien und damit der Public Key des Gegenübers nicht ordentlich interpretiert werden konnten und somit die Authentifizierung scheiterte. Weiterhin fällt auf, dass in sämtlichen Dokumentationen zu Tinc als zu verbindende Beispiel-Netzwerke immer Netzwerke gleicher Klassen zu finden sind - es wird niemals ein privates Class C Netz mit einem Class B oder A Netz verbunden. Warum dies so ist, findet an keiner Stelle Erwähnung; jedoch zeigt sich bei den Tests sofort, dass ein VPN zwischen Netzen unterschiedlicher Klassen mit Tinc unmöglich zu realisieren ist. Weiterhin muss dem Tunneladapter immer eine IP aus eben diesem Netz vergeben werden, wobei dessen Subnetzmaske derart vergrößert wird, dass sämtliche anzubindenden Netzwerke damit abgedeckt werden können, quasi ein Super-Netting.

3.2.5 OpenVPN

Zusammen mit dem Quellcode oder dem Binärpaket erhält man in der Regel vorteilhafterweise auch einige Dateien für Beispielkonfigurationen aus der Dokumentation. Diese bilden auf für Anfänger einen guten Einstieg und enthalten nur die wesentlichsten Parameter um ein VPN aufzubauen. Da OpenVPN zwei Lösungen für die Authentifizierung bietet, TLS und Static Keys, sowie in zwei Modi, TCP oder UDP als Client/Server oder P2P, arbeiten kann, erhält man verschiedene Sample-Files, die je nach verwendetem Authentifizierungssystem unterschiedlich aussehen. Die Konfiguration erfolgt generell über Konfigurationsdateien per Hand, eine grafische Oberfläche ist nicht existent. Es existiert im Normalfall eine Hauptkonfigurationsdatei, die die globalen Daten für den Prozess beinhaltet. Für Client-spezifische Parameter wird der Übersichtlichkeit halber am besten ein Unterverzeichnis angelegt, in dem jeweils eine Datei pro Client eingefügt wird. Prinzipiell ist es auch möglich, mehrere OpenVPN-Server gleichzeitig auszuführen; dazu ist es jedoch erforderlich, jeden Server auf einem anderen Port lauschen zu lassen und demnach separate Hauptkonfigurationen anzulegen.

3.2.6 Zusammenfassung

Der Konfigurationsaufwand der Technologien ist recht unterschiedlich. Während PPTP auf allen Systemen regelrecht trivial erscheint, bekommt man bei IPSec die Komplexität

Kriterium	PPTP	IPSec	L2TP	OpenVPN	Tinc
Windows	GUI	GUI, Kommando, Clientsoftware	GUI	GUI bzw. Textfiles	Textfiles
Linux	Textfiles, Kommando	Textfiles	Textfiles, Kommando	Textfiles	Textfiles
Hardware	meist GUI	meist GUI	meist GUI	nicht vorhanden	nicht vorhanden
Arbeitsaufwand	gering	hoch	gering	hoch	gering
Zeitaufwand	gering	sehr hoch	gering	hoch	gering

Tabelle 3.2: Zusammenfassung Konfiguration

der Protokolle direkt zu spüren. Von einfacher Konfiguration kann keine Rede sein. Ähnlich verhält es sich bei OpenVPN; zwar ist es nicht so komplex, die zu implementierende Infrastruktur sollte trotzdem gut geplant sein, damit man sich die Konfiguration so einfach wie möglich hält. Tinc ist recht einfach einzurichten, das Netz ist selbstorganisierend, d.h. nicht einmal mit Routing muss man sich beschäftigen. L2TP ist durch die Nutzung in Kombination mit IPSec ebenfalls recht komplex, pures L2TP gestaltet sich unkompliziert.

3.3 Infrastrukturszenarien

3.3.1 Einleitung

Folgende Szenarien sollen mittels ausgewählten VPN-Lösungen implementiert werden:

- End-to-End - zwei Rechner

- End-to-Site - Telearbeitsplätze oder Roadwarrior ins Firmen-Netz

- Site-to-Site - zwei Netzwerke

- Any-to-Any - jeder mit jedem

Die für den Test eingesetzten Systeme bzw. Netzwerkstrukturen sollen an dieser Stelle vorgestellt und benamt werden um in folgenden Abschnitten nicht näher darauf eingehen

41

zu müssen. Sämtliche öffentlichen IP-Adressen sind für die Tests frei erfunden. Alle Tests erfolgen mittels realen Systemen oder werden über mehrere PCs in VMWare realisiert.

Netzwerk A

Netzwerk A stellt das zentrale Netz dar, welches quasi die Firmenzentrale widerspiegelt. Der jeweilige VPN-Server in den Tests hat die Bezeichnung A1. Dieser Server ist für die Tests von Tinc, OpenVPN und IPSec ein System auf Linux-Basis, für L2TP und PPTP handelt es sich um einen Windows 2000 bzw. Windows NT 4.0 Server. Weiterhin steht das Hardwareprodukt Lancom 1621 ADSL/ISDN der Firma Lancom Systems GmbH zur Verfügung, welches IPSec-fähig ist und in den Tests als Gateway fungieren wird; dazu nimmt es die Stellung von A1 ein. Im Netzwerk stehen mehrere Rechner A_n, wobei auf A2 verschiedene Dienste bereitgestellt werden, beispielsweise ein Webserver. Die Netzwerkparameter sind folgende:

- öffentliche IP-Adresse: 3.0.0.1

- internes IP-Netz: 192.168.3.0/24

- interne IP-Adresse von A1 192.168.3.1

- interne IP-Adresse von A2 192.168.3.2

Netzwerk B

Als weiteres Netzwerk steht B zur Verfügung. B1 wird für OpenVPN, Tinc, IPSec und PPTP als VPN-Client und VPN-Gateway des Netzwerkes auftreten. Für L2TP wird B1 durch ein Windows XP System ersetzt. B2 ist ein Rechner im Netzwerk. Netzwerkparameter:

- öffentliche IP-Adresse: 4.0.0.1

- internes IP-Netz: 192.168.4.0/24

- interne IP-Adresse von B1 192.168.4.1

- interne IP-Adresse von B2 192.168.4.2

Roadwarrior C1

Die dritte Komponente ist ein Windows XP PC, welcher als Außendienstmitarbeiter eingesetzt wird. Als Roadwarrior besitzt er zwar keine statische öffentliche IP-Adresse, zur Veranschaulichung wird jedoch eine IP-Adresse, die er bei der Einwahl bei seinem ISP erhält, festgelegt. Netzwerkparameter:

- öffentliche IP-Adresse: 5.0.0.1
- internes IP-Netz: 192.168.5.0/24
- interne IP-Adresse von C1 192.168.5.1

End-to-End

Im Szenario End-to-End sollen A1 und B1 miteinander gekoppelt werden. Ziel dabei ist, dass beide auf die Ressourcen des jeweiligen Partners zugreifen können.

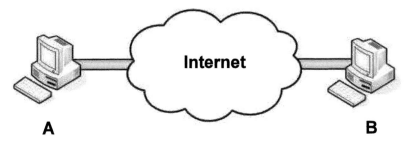

Abbildung 3.1: End-to-End

End-to-Site

Im Szenario End-to-Site ist es das Ziel einzelne Rechner, in diesem Falle B1, in das Netzwerk A per VPN zu integrieren. Dabei muss letztendlich gewährleistet sein, dass die anzubindenden Einzelrechner auf die Ressourcen des Netzwerkes zugreifen können.

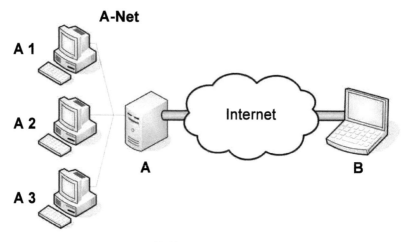

Abbildung 3.2: End-to-Site

Site-to-Site

Für die Verbindung zweier Netzwerke werden Netzwerk A und B verwendet.

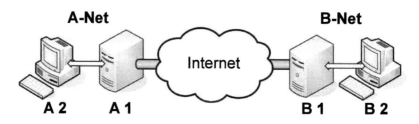

Abbildung 3.3: Site-to-Site

Any-to-Any

Any-to-Any stellt eine erweiterte Kombination von End-to-Site und Site-to-Site dar. Dabei sollen beispielsweise mittels VPN angebundene Außendienstmitarbeiter gegenseitig auf die Ressourcen der anderen zugreifen können. Gleiches gilt für damit angebundene Netzwerke ohne direkte Verbindung zueinander. Dieser Fall dürfte auch in WGs interessant sein, in denen bspw. mehrere Laptops per WLAN über einen VPN Server auf einem festen PC verbunden sind, und die Laptopnutzer Ressourcen und Dienste ihrer Mitbewohner nutzen wollen. Ziel ist es im Test, dass das Netz B sowie der Rechner C1 an A angebunden werden, gegenseitiger Zugriff von B auf C1 und umgekehrt möglich wird, ohne direkten Tunnel zwischen B und C1.

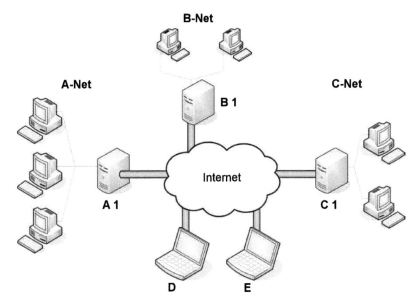

Abbildung 3.4: Any-to-Any

3.3.2 PPTP

Ein VPN mit PPTP realisiert man am einfachsten, wenn der VPN-Server ein Windows PC ist. Dabei ist es irrelevant, ob es sich um Windows NT, 2000, XP oder 2003 handelt. Für diesen Fall wird im Netzwerk A ein Windows NT 4.0 Server als A1 installiert. Auf dem Server muss für jeden eintreffenden Client ein Benutzer angelegt werden, bzw. es wird ein einziger Benutzeraccount erstellt, der von allen Clients benutzt wird. Nach der Angabe, wieviele Tunnel gleichzeitig aufgebaut werden dürfen und der Aktivierung des IP-Forwarding, legt man für das VPN-Netz ein IP-Subnetz bzw. einen IP-Pool fest, aus dem IP-Adressen für die Clients und den Server selbst vergeben werden. Dies wird in den Tests 10.1.0.0/24 sein. Auch kann man den Clients gestatten, ihre gewünschte IP anzufordern, was empfehlenswert ist um ein manuelles Überprüfen der Routen bei jeder Einwahl zu verhindern. Außerdem wird festgelegt, ob die VPN-Clients nur auf den Server zugreifen dürfen, oder auf sein gesamtes Netz.

End-to-End

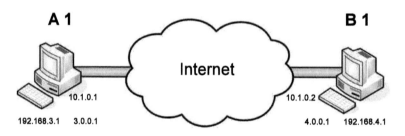

Abbildung 3.5: PPTP End-to-End

Für das End-to-End VPN wird festgesetzt, dass die Clients nur auf den Server zugreifen dürfen. Der RAS-Dienst auf dem Server wird gestartet und eine Einwahl ist ab sofort möglich.

Windows XP Damit sich Client B1 verbindet, wird eine neue Netzwerkverbindung mittels Windows XP Assistenten erstellt; es soll eine Verbindung mit dem Arbeitsplatz über ein VPN hergestellt werden. Als Zieladresse wird die IP-Adresse von A1 benutzt, als gewünschte VPN-IP wird 10.1.0.2 angegeben. Wird nun einer der auf dem Server angelegten

Nutzernamen mit Passwort benutzt, so erfolgt der Verbindungsaufbau. Der Server teilt sich dabei selbst die IP 10.1.0.1 zu. Spricht der Client B1 nun einen Dienst, wie bspw. den Webserver des VPN-Servers A1 über die Adresse 10.1.0.1 an, erreicht er diesen, die Verbindung wurde erfolgreich aufgebaut. In den Einstellungen der Verbindung auf Client-Seite sollte beachtet werden, dass nicht die Option „Standardgateway für das Remotenetzwerk verwenden" aktiviert ist, da sonst jeglicher Datenverkehr durch den Tunnel geschickt wird.

Linux Für PPTP-Clients unter Linux erfolgt die Konfiguration ähnlich trivial. Mittels Befehl pptp-command -> setup legt man zunächst den PPTP-Tunnel als solchen an. Weiterhin muss ein CHAP-Secret erstellt werden, was zu verwendenden Benutzername und Passwort darstellt. Nun kann man den Tunnel ebenfalls über pptp-command starten. Wurden alle Parameter fehlerfrei angegeben, steht auch diese Verbindung nach wenigen Sekunden. Leider lässt sich unter Linux von Haus aus keine gewünschte IP angeben, standardmäßig wird durch den PPP Daemon die Adresse per DHCP bezogen und ist damit eine vom Windows NT Server willkürlich vergebene IP aus dem Pool, vornehmlich die erste freie Adresse.

End-to-Site

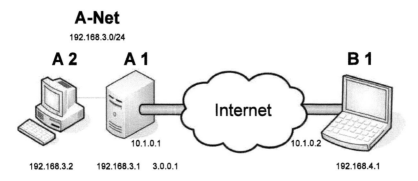

Abbildung 3.6: PPTP End-to-Site

Sollen nun die Clients auf das gesamte Netz A des Servers, also 192.168.3.0/24 zugreifen dürfen, muss dies in der Serverkonfiguration lediglich aktiviert werden, ein entsprechender Dialogpunkt ist vorhanden. Anschließend muss jedem Client mitgeteilt werden, dass zum Erreichen eben diesen Netzes der Tunnel zu benutzen ist. Dies geschieht durch legen einer Route entweder per Hand oder per Script nach dem Verbindungsaufbau. Unter Linux kann man diese Route gleich bei der Einrichtung des Tunnels per pptp-command angeben.

Site-to-Site

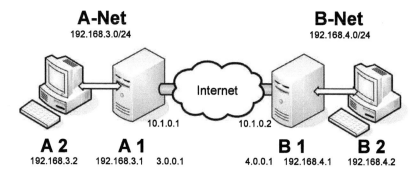

Abbildung 3.7: PPTP Site-to-Site

Bei der Konnektierung des gesamten Netzes B mit A treten ebenfalls keinerlei Schwierigkeiten auf. Es muss nur sichergestellt werden, dass das Routing auf B1 aktiviert ist. Zusätzlich muss auf Seite des Windows NT Server eine Route gelegt werden, die besagt, dass das Netz B über den Tunnel erreichbar ist. Da der Server nicht notwendigerweise das Standardgateway des Netzwerkes A ist, muss den Rechnern im Netz mitgeteilt werden, dass für das zu erreichende Netz B der NT-Server A1 das Gateway darstellt. Anschließend können die Netzwerke auf alle Ressourcen des Partnernetzes zugreifen.

Any-to-Any

Lässt man nun B1 und C1 per PPTP zu A1 verbinden, und möchte gestatten, dass auch diese Komponenten gegenseitig erreichbar sind, so erfordert dies minimalen Aufwand, da

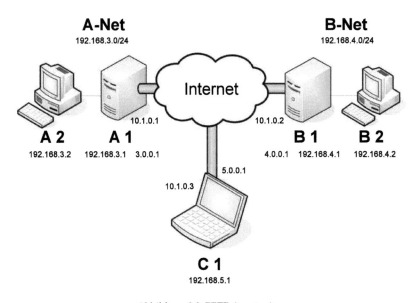

Abbildung 3.8: PPTP Any-to-Any

nur noch die entsprechenden Routing-Informationen eingetragen werden müssen. Auf B1 muss also eine Route nach C1, und auf C1 eine Route nach B1 mit dem Windows Server A1 als Gateway angelegt werden. Auf dem Server selbst muss selbstverständlich ebenfalls jedes zu erreichende Netz bzw. IP über den zugehörigen Tunnel geroutet werden. Anschließend ist das Any-to-Any Netz komplett.

3.3.3 IPSec

Sofern Linux als VPN-Server bzw. Client in den Tests Verwendung findet, werden racoons Parameter in der Datei /etc/racoon/racoon.conf, von setkey in /etc/racoon/setkey.conf hinterlegt. Als VPN-Gateway des Netzwerkes A kommt auch der Lancom 1621 Router zum Einsatz, welcher momentan keine Zertifikate zur Authentifizierung unterstützt. Demnach werden in den Szenarien-Tests ausschließlich Preshared Keys eingesetzt um von vornherein Probleme diesbezüglich ausschließen zu können.

End-to-End

Im Szenario End-to-End soll A1 als VPN-Server fungieren, mit dem sich ein Linux- sowie ein Windows XP Rechner verbindet. Da dies eine direkte Kommunikation zwischen den Rechnern bedeutet, wird der IPSec Transportmodus benutzt. Weiterhin wird nur ESP für

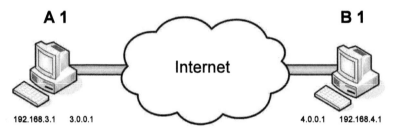

A 1   **B 1**

Internet

192.168.3.1   3.0.0.1   4.0.0.1   192.168.4.1

Abbildung 3.9: IPSec End-to-End

die Verschlüsselung eingesetzt, AH für die Authentizitätssicherung entfällt. Auf Serverseite muss erfolgt die Konfiguration nun über die bereits erwähnten Dateien setkey.conf und racoon.conf. setkey.conf:

```
# Listing setkey.conf auf A1

flush;
spdflush;
# Zuerst der Windows Client

# vom Server zum Client ausgehender Verkehr
spdadd 3.0.0.1 4.0.0.1 any -P out ipsec esp/transport//require;

# vom Client zum Server eingehender Verkehr
spdadd 4.0.0.1 3.0.0.1 any -P in ipsec esp/transport//require;

# Nun der Linux Client

# vom Server zum Client ausgehender Verkehr
spdadd 3.0.0.1 5.0.0.1 any -P out ipsec esp/transport//require;
```

```
# vom Client zum Server eingehender Verkehr
spdadd 5.0.0.1 3.0.0.1 any -P in ipsec esp/transport//require;
```

racoon.conf

```
# Pfad zur Datei mit den Preshared Keys
# Format der Datei:
# IP PSK
path pre_shared_key "/etc/racoon/psk.txt"

# Windows Client
remote 4.0.0.1 {
    exchange_mode main; # Main Mode
    proposal {
        encryption_algorithm 3des; # 3DES Verschlüsselung
        hash_algorithm md5; # MD5 Hash
        authentication_method pre_shared_key; # PSK
        dh_group 2; # DH Gruppe 2
    }
}

sainfo address 3.0.0.1 any address 4.0.0.1 any {
    pfs_group 2;
    encryption_algorithm 3des;
    authentication_algorithm hmac_md5;
}

# Linux Client
remote 5.0.0.1 {
    exchange_mode main;
    proposal {
        encryption_algorithm 3des;
        hash_algorithm md5;
        authentication_method pre_shared_key;
        dh_group 2;
```

```
    }
}

sainfo address 3.0.0.1 any address 5.0.0.1 any {
    pfs_group 2;
    encryption_algorithm 3des;
    authentication_algorithm hmac_md5;
}
```

Der Linux-Client mit der IP 5.0.0.1 wird ebenfalls mit racoon und setkey konfiguriert. setkey.conf:

```
flush;
spdflush;
spdadd 5.0.0.1 3.0.0.1 any -P out ipsec esp/transport//require;
spdadd 3.0.0.1 5.0.0.1 any -P in ipsec esp/transport//require;
```

racoon.conf:

```
path pre_shared_key "/etc/racoon/psk.txt"

remote 3.0.0.1 {
    exchange_mode main;
    proposal {
        encryption_algorithm 3des;
        hash_algorithm md5;
        authentication_method pre_shared_key;
        dh_group 2;
    }
}

sainfo address 5.0.0.1 any address 3.0.0.1 any {
    pfs_group 2;
    encryption_algorithm 3des;
    authentication_algorithm hmac_md5;
    compression_algorithm deflate;
}
```

Die Linux-Rechner müssen nun

```
setkey -f /etc/racoon/setkey.conf
```

aufrufen, damit die Einträge zur SPD hinzugefügt werden. Anschließend startet man den racoon mittels

```
racoon -F -f /etc/racoon/racoon.conf
```

Der Parameter -F dient dazu racoon zur Fehlersuche im Vordegrund zu halten und zu sehen, was geschieht. Für den Windows XP Client erfolgt die Konfiguration am besten per ipseccmd.exe, damit sie nachvollziehbar und reproduzierbar bleibt:

```
ipseccmd.exe -f 0=3.0.0.1 -n ESP[3DES,MD5]900s/100000KPFS
-a PRESHARE:"test" -1s 3DES-MD5-2 -1k 20000s -w REG -p end2end
-r end2end_out -x
ipseccmd.exe -f 3.0.0.1=0 -n ESP[3DES,MD5]900s/100000KPFS
-a PRESHARE:"test" -1s 3DES-MD5-2 -1k 20000s -w REG -p end2end
-r end2end_in -x
```

Es wird eine Richtlinie erstellt und die nötigen Filterregeln angelegt. Über die Sicherheitsrichtlinienverwaltung kann man kontrollieren, was genau angelegt wurde. Die Richtlinie wird automatisch zugewiesen. Schickt man nun Anforderungen von den Clients zum Server oder in die Gegenrichtung, so wird eine ISAKMP-SA und anschließend die jeweils zwei IPSec-SAs ausgehandelt. Die zu übertragenden Pakete werden nun per ESP verschlüsselt. Damit sieht ein von 3.0.0.1 nach 4.0.0.1 verschicktes Paket schematisch dargestellt folgendermaßen aus:

```
Originalpaket
-------------------------------------------
| IP Ziel 4.0.0.1 | Upper-Layer-Protokoll |
-------------------------------------------


Transportpaket
--------------------------------------------------
| IP Ziel 4.0.0.1 | IPSec | Upper-Layer-Protokoll |
--------------------------------------------------
```

Der Inhalt des Upper-Layer-Protokoll wird verschlüsselt übertragen.

End-to-Site

A-Net
192.168.3.0/24

A 2   A 1   B 1

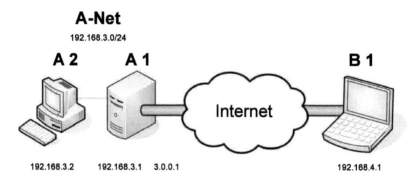

Internet

192.168.3.2   192.168.3.1   3.0.0.1   192.168.4.1

Abbildung 3.10: IPSec End-to-Site

Soll nun ein Client über IPSec auf das gesamte Netzwerk A zugreifen dürfen, so muss
der Tunnelmodus verwendet werden, da der IPSec-Server A1 als Gateway und damit als
Tunnelendpunkt fungiert, über den die Pakete an das Zielnetz verschickt werden. Dementsprechend wird das gesamte IP-Paket per IPSec verschlüsselt und mit einem neuen Ziel,
dem Tunnelendpunkt, versehen.

```
Originalpaket
-----------------------------------------
| IP Ziel 192.168.3.1 | ULP samt Daten |
-----------------------------------------


Tunnelpaket
----------------------------------------------------------
| IP Ziel 3.0.0.1 | IPSec | IP Ziel 192.168.3.1 | ULP |
----------------------------------------------------------
```

Für diesen Test war geplant als VPN-Gateway das Hardwareprodukt Lancom 1621 hinter einer festen IP zu nutzen und einen Windows XP Client sowie einen Linux Client mit
racoon, beide jedoch mit dynamischer IP, anzubinden. Leider musste jedoch festgestellt
werden, dass diese Konstellation kein funktionierendes Ergebnis zustande bringen konnte. Prinzipiell muss in diesem Falle der Aggressive Mode Verwendung finden, da sich der

Server nicht auf die IP-Adresse seiner Clients beziehen kann. Es sollten wieder Preshared Keys eingesetzt werden, da der Lancom noch keine Zertifikate unterstützt, und als Identifier eine Email-Adresse eingesetzt werden muss. Im Lancom-Router kann man nun VPNs auf zwei verschiedene Arten konfigurieren. Variante eins nennt sich '"Verbinden zweier Netze"; dabei muss jedoch die Gegenstelle entweder per FQDN oder IP angegeben werden, was so nicht möglich ist. Variante 2 stellt Einwahlzugänge bereit, die auch IPSec-VPN-Zugänge sein können. Allerdings muss dem Client bei einem solchen Zugang eine IP-Adresse aus dem Netz hinter dem Router zugewiesen werden. Dies geschieht durch den IKE Mode Config. Ohne dies ist eine Verbindung nicht möglich. Benutzt man nun Windows ohne speziellen Software-Client sondern mit Onboard IPSec Stack, so besteht keinerlei Möglichkeit diesen Modus zu konfigurieren. Abgesehen davon ist Windows auch nicht fähig den Aggressive Mode zu nutzen. Somit ist man gezwungen einen Softwareclient eines anderen Herstellers zu benutzen, in diesem Falle von NCP. Mit diesem Client ist die Verbindung möglich.

Unter Linux mit racoon konnte auch kein brauchbares Ergebnis erzielt werden. Racoon unterstützt sowohl den Aggressive Mode wie auch den Mode Config. Auch die Authentifizierung per PSK mit einer Emailadresse als Identifier ist möglich. Jedoch war es trotzdem nicht möglich einen erfolgreichen Verbindungsaufbau zu verzeichnen. Die ISAKMP-SA wurde erfolgreich erzeugt, eine IPSec-SA konnte jedoch auch nach zahlreichen Versuchen nicht erzeugt werden. Von Seiten des Herstellers war leider auch keine Hilfe zu erwarten, eine beantwortete Anfrage deutete auf Unwissen bzgl. racoon hin. Da Tests mit dynamischen IP-Adressen anderweitig leider nicht durchführbar waren aufgrund mangelnder Internetzugänge, wurde auf statische IP-Adressen zurückgegriffen, welche den Einsatz des Mainmode ermöglichten.

Somit musste für den Aufbau von End-to-Site eine andere Umgebung gewählt werden, die der aus dem vorigen Kapitel ähnelt. Als Site-Komponente wird racoon eingesetzt, ebenso als ein Client, weiterhin kommt ein Windows XP zum Einsatz. Diffie-Hellmann-Gruppe ist immer 2, die Verschlüsselung erfolgt per 3DES-CBC, Hashfunktion ist MD5, es werden Preshared Keys eingesetzt.

Die Konfiguration auf Gateway-Seite hat folgenden Inhalt:
setkey.conf

```
flush;
spdflush;
```

```
spdadd 192.168.3.0/24 192.168.4.1/32 any -P out
ipsec esp/tunnel/3.0.0.1-4.0.0.1/require;
spdadd 192.168.4.1/32 192.168.3.0/24 any -P in
ipsec esp/tunnel/4.0.0.1-3.0.0.1/require;

spdadd 192.168.3.0/24 192.168.5.1/32 any -P out
ipsec esp/tunnel/3.0.0.1-5.0.0.1/require;
spdadd 192.168.5.1/32 192.168.3.0/24 any -P in
ipsec esp/tunnel/5.0.0.1-3.0.0.1/require;
```

racoon.conf

```
remote 4.0.0.1 {
    exchange_mode main;
    proposal {
        encryption_algorithm 3des;
        hash_algorithm md5;
        authentication_method pre_shared_key;
        dh_group modp1024;
    }
}

sainfo address 192.168.3.0/24 any address 192.168.4.1 any {
    pfs_group 2;
    encryption_algorithm 3des;
    authentication_algorithm hmac_md5;
    compression_algorithm deflate;
}

remote 5.0.0.1 {
    exchange_mode main;
    proposal {
        encryption_algorithm 3des;
        hash_algorithm md5;
        authentication_method pre_shared_key;
```

```
        dh_group modp1024;
    }
}


sainfo address 192.168.3.0/24 any address 192.168.5.1 any {
    pfs_group 2;
    encryption_algorithm 3des;
    authentication_algorithm hmac_md5;
    compression_algorithm deflate;
}
```

Die Konfiguration des Linux-Clients hat folgenden Inhalt:
setkey.conf

```
flush;
spdflush;
spdadd 192.168.5.1 192.168.3.0/24 any -P out
ipsec esp/tunnel/5.0.0.1-3.0.0.1/require;
spdadd 192.168.3.0/24 192.168.5.1 any -P in
ipsec esp/tunnel/3.0.0.1-5.0.0.1/require;
```

racoon.conf

```
remote 3.0.0.1 {
    exchange_mode main;
    proposal {
        encryption_algorithm 3des;
        hash_algorithm md5;
        authentication_method pre_shared_key;
        dh_group modp1024;
    }
}


sainfo address 192.168.5.1 any address 192.168.3.0/24 any {
    pfs_group 2;
    encryption_algorithm 3des;
    authentication_algorithm hmac_md5;
```

```
    compression_algorithm deflate;
}
```

Die Windows-Konfiguration erfolgt wieder per ipseccmd.exe, wobei diesmal noch der Parameter -t hinzukommt, der den Tunnelendpunkt spezifiziert:

```
ipseccmd.exe -f 0=192.168.3.0/24
-n ESP[3DES,MD5]800S/40000KPFS
-t 3.0.0.1 -a PRESHARE:"test" -1s 3DES-MD5-2
-1k 20000S  -w REG -p end2site_tunnel -r end2site_tunnel_out -x
ipseccmd.exe -f 192.168.3.0/24=0
-n ESP[3DES,MD5]800S/40000KPFS
-t 4.0.0.1 -a PRESHARE:"test" -1s 3DES-MD5-2
-1k 20000S  -w REG -p end2site_tunnel -r end2site_tunnel_in -x
```

Startet man nun eine Verbindungsanforderung zwischen Server und Client, so werden die IPSec-SAs korrekt ausgehandelt und die Verbindung zwischen diesen Systemen erfolgt verschlüsselt.

Site-to-Site

Da auch für die Verbindung zweier Netze der Lancom Router als Gateway ausfällt, werden auch hier wieder racoon-Systeme sowie ein Windows XP eingesetzt. Die Netzwerke hinter den Gateways sollen miteinander kommunizieren können.

Dabei ist die Konfiguration von End-to-Site nur minimal abzuändern, denn der Tunnelmodus wird auch hier benutzt, nur mit dem Unterschied, dass beide Komponenten Netzwerke beherbergen. setkey.conf

```
flush;
spdflush;

spdadd 192.168.3.0/24 192.168.4.0/24 any -P out
ipsec esp/tunnel/3.0.0.1-4.0.0.1/require;
spdadd 192.168.4.0/24 192.168.3.0/24 any -P in
ipsec esp/tunnel/4.0.0.1-3.0.0.1/require;

spdadd 192.168.3.0/24 192.168.5.0/24 any -P out
```

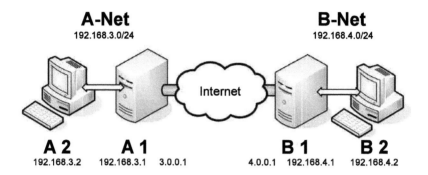

Abbildung 3.11: IPSec Site-to-Site

```
ipsec esp/tunnel/3.0.0.1-5.0.0.1/require;
spdadd 192.168.5.0/24 192.168.3.0/24 any -P in
ipsec esp/tunnel/5.0.0.1-3.0.0.1/require;
```

racoon.conf

```
remote 4.0.0.1 {
    exchange_mode main;
    proposal {
        encryption_algorithm 3des;
        hash_algorithm md5;
        authentication_method pre_shared_key;
        dh_group modp1024;
    }
}

sainfo address 192.168.3.0/24 any address 192.168.4.0/24 any {
    pfs_group 2;
    encryption_algorithm 3des;
    authentication_algorithm hmac_md5;
    compression_algorithm deflate;
}
```

```
remote 5.0.0.1 {
    exchange_mode main;
    proposal {
        encryption_algorithm 3des;
        hash_algorithm md5;
        authentication_method pre_shared_key;
        dh_group modp1024;
    }
}


sainfo address 192.168.3.0/24 any address 192.168.5.0/24 any {
    pfs_group 2;
    encryption_algorithm 3des;
    authentication_algorithm hmac_md5;
    compression_algorithm deflate;
}
```

Die Konfiguration des Linux-Clients hat folgenden Inhalt: setkey.conf

```
flush;
spdflush;
spdadd 192.168.5.0/24 192.168.3.0/24 any -P out
ipsec esp/tunnel/5.0.0.1-3.0.0.1/require;
spdadd 192.168.3.0/24 192.168.5.0/24 any -P in
ipsec esp/tunnel/3.0.0.1-5.0.0.1/require;
```

racoon.conf

```
remote 3.0.0.1 {
    exchange_mode main;
    proposal {
        encryption_algorithm 3des;
        hash_algorithm md5;
        authentication_method pre_shared_key;
        dh_group modp1024;
    }
}
```

```
sainfo address 192.168.5.0/24 any address 192.168.3.0/24 any {
    pfs_group 2;
    encryption_algorithm 3des;
    authentication_algorithm hmac_md5;
    compression_algorithm deflate;
}
```

Die Windows-Konfiguration erfolgt wieder per ipseccmd.exe, und natürlich muss das Routing aktiviert sein:

```
ipseccmd.exe -f 192.168.4.0/24=192.168.3.0/24
-n ESP[3DES,MD5]800S/40000KPFS
-t 3.0.0.1 -a PRESHARE:"test" -1s 3DES-MD5-2
-1k 20000S  -w REG -p site2site_tunnel -r site2site_tunnel_out -x
ipseccmd.exe -f 192.168.3.0/24=192.168.4.0/24
-n ESP[3DES,MD5]800S/40000KPFS
-t 4.0.0.1 -a PRESHARE:"test" -1s 3DES-MD5-2
-1k 20000S  -w REG -p site2site_tunnel -r site2site_tunnel_in -x
```

Any-to-Any

Die Implementierung eines Any-to-Any VPNs verliert nun jede noch übrig gebliebene Trivialität von IPSec. Dieser Fall kann nur funktionieren, wenn auf dem Gateway SNAT unterstützt wird. Da dies jedoch bei racoon nicht der Fall ist, kann auch kein Test damit ausgeführt werden. Erwähnen muss man auch, dass bei den Recherchen zur Implementierbarkeit dieses Szenarios keinerlei Beispiele gefunden werden konnten, die eine Hilfe gegeben hätten; dieser Fall scheint bei IPSec-VPNs nicht wirklich häufig vorzukommen. Laut Auskunft von Ralf Spenneberg [Spe], dem Autor von [2] ist dieser Fall auch nicht wirklich einfach zu implementieren. Eine Möglichkeit entsteht dadurch, dass ein Gateway zum Einsatz kommt, was SNAT unterstützt. Durch ein doppeltes NAT könnten die Clients dann über das Gateway miteinander kommunizieren. KLIPS aus dem FreeS/WAN-Projekt beherrscht SNAT und könnte dementsprechend benutzt werden. Eine andere Möglichkeit besteht darin, dass in die IPSec-Tunnel zwischen Server und Clients ein weiterer Tunnel gelegt wird, beispielsweise mit GRE. Durch geschicktes Routing auf allen Komponenten könnten dann die Clients miteinander in Verbindung treten.

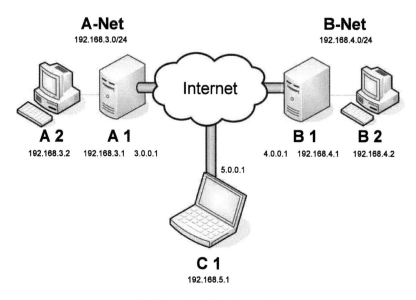

Abbildung 3.12: IPSec Any-to-Any

3.3.4 L2TP

Wie schon im Kapitel Konfiguration beschrieben, kommt als L2TP-Server A1 ein Windows 2000 Advanced Server zum Einsatz, als Clients B1 und C1 werden Windows XP Rechner benutzt. Da natives L2TP mit Windows nicht möglich ist, besteht das Hauptproblem darin, die entsprechenden IPSec-Richtlinien anzulegen. Da IPSec in vorangegangenen Kapitel bereits ausführlich behandelt wurde, soll an dieser Stelle davon abgesehen werden.

End-to-End

Ein Windows XP Client B1 soll nun zum Windows 2000 Server A1 verbinden. Dazu wird auf dem Client eine neue VPN-Verbindung per L2TP eingerichtet, die IPSec-Richtlinie angelegt und der Preshared Key hinterlegt. Weiterhin müssen gültige Benutzerdaten, die auf dem Server angelegt wurden, angegeben werden. Startet man nun den Verbindungsaufbau, so wird dieser, sofern alle angegeben Daten korrekt waren, erfolgreich abgeschlossen. Der Windows XP Client B1 erhält daraufhin eine IP-Adresse vom Server A1 aus dessen

Abbildung 3.13: L2TP End-to-End

Pool zugeteilt. Um nun zu kontrollieren, ob die Pakete auch wirklich mit IPSec verschlüsselt werden, empfiehlt sich der Einsatz eines Netzwerksniffers wie Ethereal, oder aber man startet auf dem Server das Programm ipsecmon.exe, welches aktive Sicherheitsrichtlinien und Statistiken anzeigen kann. Client und Server können nun über die aus dem Pool erhaltenen IP-Adressen sicher miteinander kommunizieren.

End-to-Site

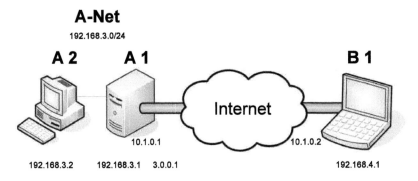

Abbildung 3.14: L2TP End-to-Site

Wird der Zugriff des Clients B1 auf das gesamte hinter dem Server liegende Netzwerk

A gewünscht, so ist dies problemlos möglich, indem auf dem Client eine Route angelegt wird, die für eben dieses Netzwerkziel den VPN-Tunnel nutzt. In die Gegenrichtung, vom Netzwerk zum Client, muss der Server als Gateway angeben werden. Weitere Konfigurationsschritte sind nicht nötig. Der Routing und RAS Dienst muss sowieso gestartet sein, dementsprechend werden die Pakete korrekt geroutet.

Site-to-Site

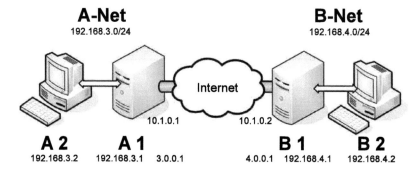

Abbildung 3.15: L2TP Site-to-Site

Befindet sich nun auch hinter dem Client B1 ein Netzwerk B, welches von der Gegenseite komplett erreichbar sein soll, so ist nur dafür zu sorgen, dass der Client als Router aktiviert ist; bei Windows 2000/XP mittels Aktivierung des Dienstes „Routing und RAS". Entsprechend müssen auf Server und Client sowie evtl. den Netzwerken die korrekten Routen angelegt werden. Resultierend wird der Datenverkehr nur auf dem Weg zwischen den beiden L2TP-Partnern verschlüsselt, im Netzwerk selbst erfolgt der Transport unverschlüsselt.

Any-to-Any

Ähnlich dem Windows NT 4.0 Server bei PPTP gestaltet sich die Konfiguration des gegenseitigen Zugriffs aller mit dem Windows 2000 Server verbundenen L2TP-Clients. Es müssen nur die korrekten Routen in den Netzwerken eingerichtet werden, damit bekannt

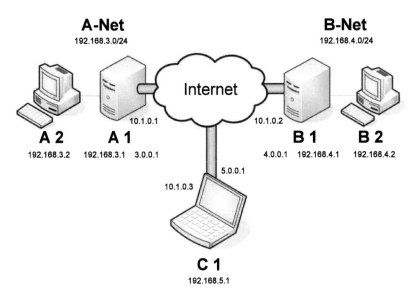

Abbildung 3.16: L2TP Any-to-Any

ist, welche anderen Rechner oder Netze über den Tunnel erreicht werden können. Das Routing dieser Informationen aus einem Tunnel in einen anderen Tunnel wird vom Server ordnungsgemäß ohne weiteren Eingriff durchgeführt. Dementsprechend werden die IPSec-Pakete auf dem Server entschlüsselt, das Ziel der Informationen aus dem L2TP-Paket ermittelt und das Paket der zum Ziel zugehörigen IPSec-Richtlinie neu verschlüsselt und an dieses geschickt.

3.3.5 Tinc

Tinc kann keine Netzwerke unterschiedlicher Netzwerkklassen miteinander verbinden. Da die Testsysteme jedoch alle in Class C Netzen implementiert sind, besteht an dieser Stelle kein Problem.

A 1   **B 1**

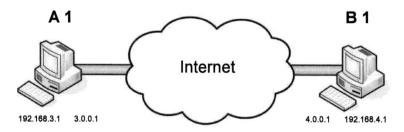

192.168.3.1   3.0.0.1   4.0.0.1   192.168.4.1

Abbildung 3.17: Tinc End-to-End

End-to-End

Sollen nun die Rechner A1 und B1 verbunden werden, müssen zuerst die Schlüsselpaare der beiden Rechner erzeugt werden. Weiterhin werden die Host-Dateien gegenseitig ausgetauscht.

```
# A1
Address = 3.0.0.1
Subnet = 192.168.3.0/24
ConnectTo = B1
-----BEGIN RSA PUBLIC KEY-----
...
-----END RSA PUBLIC KEY-----
```

Dem Tunneladapter von A1 wird 192.168.3.254/16 als IP-Adresse zugewiesen, B1 bekommt 192.168.4.254/16.

```
# B1
Address = 4.0.0.1
Subnet = 192.168.4.0/24
-----BEGIN RSA PUBLIC KEY-----
...
-----END RSA PUBLIC KEY-----
```

Nun werden auf beiden Rechnern die Tinc-Daemons gestartet. Zu beachten ist, dass eine eventuell vorhandene Firewall Datenverkehr auf Port 655 TCP und UDP zulässt. Erfolgt kein Verbindungsaufbau, so empfiehlt sich die Aktivierung der Debug-Ausgabe, da Fehler, wie z.B. Probleme mit den Zeilenumbrüchen, leicht erkennbar sind. Ist der Aufbau erfolgt, steht dem gegenseitigen Zugriff nichts mehr im Wege.

End-to-Site

Um nun zu gewährleisten, dass das gesamte Netz A für den Rechner B1 erreichbar ist, muss keinerlei Veränderung vorgenommen werden. Lediglich A1 muss das Routing der Pakete gestatten. Durch die erweiterte Subnetzmaske des VPN-Adapters sind alle Routen auf den Rechnern von Beginn an korrekt angelegt um die Teilnetze zu erreichen. Den einzelnen Rechnern im Netz A muss evtl. mitgeteilt werden, dass A1 das Gateway für Pakete zu B1 ist, sofern A1 nicht deren Standardgateway ist. Die Tinc-Daemons tauschen dann untereinander die Routinginformationen aus.

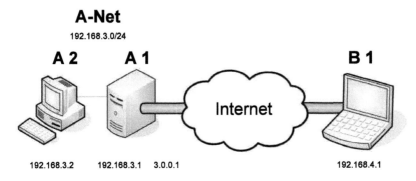

Abbildung 3.18: Tinc End-to-Site

Site-to-Site

Soll nun auch das gesamte Netz A das Netz B erreichen, so ist zu bewerkstelligen, dass auch die Rechner in Netz A wissen, dass A1 das Gateway für das zu erreichende Ziel B darstellt. Dies erfolgt wieder mittels Routenlegung.

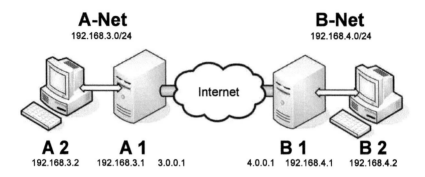

Abbildung 3.19: Tinc Site-to-Site

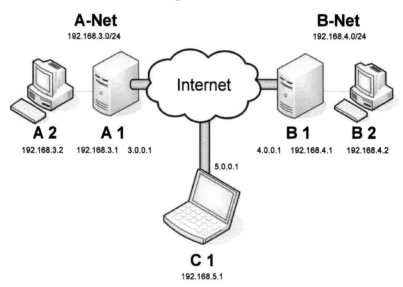

Abbildung 3.20: Tinc Any-to-Any

Any-to-Any

Sollen nun weitere Clients, obgleich einzelne Rechner oder Netzwerke, angebunden werden, so ist dafür zu sorgen, dass diese zu A1 verbinden, und dass die Host-Dateien zwischen A1 und, in diesem Falle, C1 ausgetauscht werden.

```
# C1
Address = 5.0.0.1
Subnet = 192.168.5.0/24
ConnectTo = A1
-----BEGIN RSA PUBLIC KEY-----
...
-----END RSA PUBLIC KEY-----
```

Sobald die Verbindung ordnungsgemäß aufgebaut wurde, und eventuelle Clients des C-Netzes über C1 als Gateway für A und B informiert wurden, steht dem beliebigen gegenseitigen Zugriff nichts mehr im Wege. Die Tinc-Daemons benachrichtigen sich selbst gegenseitig über das neu hinzugekommene Mitglied, und tauschen die Netzwerk- und damit Routing-Informationen aus. Versucht nun B2 zu C1 zu verbinden, besteht das Problem, dass diese zwei Rechner, bzw. B1 und C1 nicht über den öffentlichen Schlüssel des Ziels verfügen. Bei Verbindungsanforderung wird nun vom Tinc-Daemon auf B1 eine Schlüsselanforderung für C1 an A1 gesendet. A1 liefert daraufhin den öffentliche Schlüssel von C1 an B1, analog in die Gegenrichtung. Damit kann die Verbindungsanforderung an C1 gesendet werden, welcher selbständig das Routing zu B1 vornimmt.

3.3.6 OpenVPN

Wie bereits erläutert, kann OpenVPN mit zwei unterschiedlichen Authentifizierungsmodi arbeiten, TLS und Preshared Keys. In den Implementierungen der Szenarien soll nur mit TLS gearbeitet werden, da dies eine flexiblere und sicherere und vor allem auch die von den Entwicklern empfohlene Methode darstellt. Grundvoraussetzung ist, dass jeder beteiligte VPN-Rechner ein gültiges und von einer Certificate Authority signiertes Zertifikat besitzt. OpenVPN kann mit „kommerziellen" Zertifikaten von Thawte oder Verisign ebenso umgehen, wie mit handgemachten. Zweiteres kommt hier zum Einsatz, da für simple Testinstallationen die Anschaffung teurer Zertifikate übertrieben ist. Das bedeutet, dass einer der Rechner in die Rolle der Certificate Authority schlüpfen muss um die Zertifikate zu signieren und ein Master-Zertifikat zu erstellen, in diesem Falle A1. Der Einfachheit halber hält man sich an die Benamung aus der Dokumentation. Nach der Anpassung der Pfade und Gültigkeitsdauer der Zertifikate in der openssl.cnf muss das Master-Zertifikat erstellt werden:

```
openssl req -nodes -new -x509 -keyout my-ca.key -out my-ca.crt
-days 3650
```

Dies erstellt ein Master-Zertifikat und den privaten Schlüssel der CA. Weiterhin müssen auch für alle VPN-Kommunikationspartner private Schlüssel und Zertifikatsanforderungen erstellt werden. Wichtig für komplexere OpenVPN-Konigurationen ist ein eindeutiger Common Name im Zertifikat, am besten der Client-Name:

```
openssl req -nodes -new -keyout A1.key -out A1.csr
openssl req -nodes -new -keyout B1.key -out B1.csr
```

Diese Zertifikatsanforderungen (.csr-Files) werden von der CA anschließend signiert.

```
openssl ca -out A1.crt -in A1.csr
openssl ca -out B1.crt -in B1.csr
```

Nun müssen auf dem TLS-Server A1 noch die Diffie Hellmann Parameter erzeugt werden:

```
openssl dhpa -out dh1024.pem 1024
```

Im Anschluss daran müssen die erzeugten Zertifikate samt Master Zertifikat zu den einzelnen Rechnern kopiert werden, damit diese über ihr Zertifikat verfügen können. Dies geschieht am besten über eine bereits gesicherte Verbindung wie SSH. In den Konfigurationsdateien aller Rechner werden nun die Pfade noch so angepasst, dass die Zertifikate gefunden werden. Prinzipiell können die zu testenden Szenarien auf unterschiedliche Art und Weise konfiguriert werden. Um jedoch für die jeweilige Komplexität des Szenarios leicht erweiterbare Konfigurationen herzustellen, soll von Beginn an ein einheitliches Schema verwendet werden.

End-to-End

Die direkte Verbindung zweier Rechner mittels OpenVPN ist sehr simpel. Aufgabe soll sein, dass Rechner A1 auf B1 und umgekehrt zugreifen kann. A1 kann über die statische IP oder den DynDNS-Eintrag erreicht werden.

Eine Konfigurationsdatei für A1 sieht im minimalen Fall folgendermaßen aus:

```
# Tunneldevice benutzen
dev tun
```

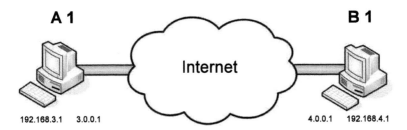

A 1

Internet

B 1

192.168.3.1   3.0.0.1

4.0.0.1   192.168.4.1

Abbildung 3.21: OpenVPN End-to-End

```
# Dies wird der eigentliche Tunnel.
# A1 ist der VPN-Server, das Netz der VPN-IPs
# lautet 10.1.0.0/24
server 10.1.0.0 255.255.255.0

# A1 wird der TLS Server sein
tls-server

# Diffie-Hellman Parameter
dh ssl/dh1024.pem

# Master Zertifikat der Certificate Authority
ca ssl/my-ca.crt

# A1s Zertifikat
cert ssl/A1.crt

# A1s privater Schlüssel
key ssl/A1.key

# Auf diesem Port soll A1 lauschen
port 1194

# der OpenVPN-Prozess soll als "nobody" laufen
user nobody
```

```
group nobody


# LZO-Kompression anschalten
comp-lzo


# A1 soll zur Gegenstelle aller 15 Sekunden einen UDP Ping schicken
# damit der Verbindungsstatus für eine Stateful Inspection Firewall
# erhalten bleibt
ping 15


# Client-spezifische Konfigurationsdateien liegen im
# Unterverzeichnis ccd
client-config-dir ccd
```

Die Konfiguration von B1 ist fast identisch:

```
# Tunneldevice benutzen
dev tun


# A1's externe IP für den Verbindungsaufbau
remote a1.dyndns.org


# B1 ist Client und erhält damit eine VPN-IP
# aus A1's Pool 10.1.0.0/24
client


# B1 ist TLS Client
tls-client


# Master Zertifikat der Certificate Authority
ca ssl/my-ca.crt


# B1's Zertifikat
cert ssl/B1.crt


# B1's privater Schlüssel
```

```
key ssl/B1.key

# Auf diesem Port soll B1 lauschen
port 1194

# der OpenVPN-Prozess soll als "nobody" laufen
user nobody
group nobody

# LZO-Kompression anschalten
comp-lzo

# B1 soll zur Gegenstelle aller 15 Sekunden einen UDP Ping schicken
# damit der Verbindungsstatus für eine Stateful Inspection Firewall
# erhalten bleibt
ping 15
```

Im OpenVPN-Konfigurationsverzeichnis auf A1 wird nun noch ein Unterverzeichnis „ccd", und in diesem wiederum eine Datei „B1" angelegt. Der Inhalt ist folgender:

```
ifconfig-push 10.1.0.1 10.1.0.2
```

Sobald B1 auf A1 verbindet, schaut der OpenVPN-Server in dieser Datei nach und sendet B1 den Befehl, dass der Server die 10.1.0.1, und B1 selbst die IP 10.1.0.2 erhält. Es muss nun nur dafür gesorgt werden, dass in beiden Firewalls Verbindungen auf Port 1194/UDP zugelassen werden und Daten, die durch das Tunnel-Device kommen, nicht blockiert werden. Ein anschließender Aufruf von

```
openvpn --config testnetz.conf
```

auf beiden Rechnern startet eine OpenVPN-Instanz und B1 verbindet zu A1.

Wenn man nach erfolgreichem Aufbau von B1 auf die IP 10.1.0.1 mit einem Webbrowser zugreift, sollte man A1's Webserver erreichen, analog in die Gegenrichtung. Das End-to-End-VPN wurde erfolgreich aufgebaut. Identisch funktioniert die Lösung unter anderen Betriebssystemen wie bspw. Windows XP. Wichtig ist noch, das nicht jede beliebige IP bei ifconfig-push benutzt werden darf, sondern sich diese in /30-Subnetzen befinden und das letzte Oktett der IPs nur bestimmte Werte annehmen darf, da der Windows TUN/TAP-

Treiber diese Einschränkung mit sich bringt.

```
ifconfig-push 10.1.0.(1+n*4) 10.1.0.(2+n*4)
```

End-to-Site

Soll nun B1 auf das gesamte lokale Netzwerk A hinter A1 zugreifen, sind nicht viele Änderungen nötig.

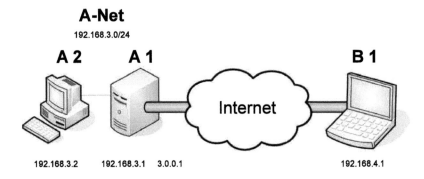

A-Net
192.168.3.0/24

A 2 **A 1** **B 1**

Internet

192.168.3.2   192.168.3.1   3.0.0.1   192.168.4.1

Abbildung 3.22: OpenVPN End-to-Site

Auf A1 muss lediglich das IP-Forwarding der Netzwerk-Interfaces aktiviert werden. Weiterhin wird auf B1 eine Route gelegt, die besagt, dass sich oben genanntes Netz A hinter der VPN-Gegenstelle A1 verbirgt. Dies geschieht entweder durch Aufruf des route-Befehls per Hand oder automatisiert durch ein UP-Script, welches in die Konfiguration eingefügt wird. Wenn nun die IP-Adressen des Netzes einmal geändert werden sollen, hat diese Methode zur Folge, dass auf allen verbindenden Clients das UP-Script geändert werden muss. Eleganter ist eine Lösung, wie sie im Howto beschrieben wird, dass der Server den Clients mitteilt, welche Route sie legen sollen. Dies geschieht durch einfügen der Zeile:

```
push "route 192.168.3.0 255.255.255.0"
```

in A1 Konfiguration. Damit wird dem Client der Befehl gegeben diese Route zu legen. Nun sollte von B1 jeder im Netzwerk A befindliche Rechner erreicht werden können. Sollen auch die Rechner im Netzwerk A auf B1 zugreifen dürfen, muss diesen die Route bekannt gemacht werden. Dies ist nicht nötig, falls A1 das Standardgateway im Netz ist.

Site-to-Site

Auch der Zugriff der Rechner im Netz B hinter B1 auf das komplette Netz A stellt sich als unkompliziert dar.

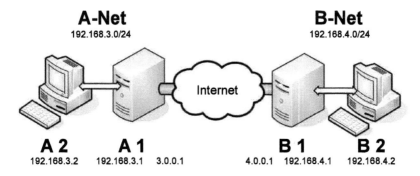

Abbildung 3.23: OpenVPN Site-to-Site

In der bereits erstellten Datei ccd/B1 muss nun die Zeile

```
iroute 192.168.4.0 255.255.255.0
```

eingefügt werden. Dies teilt dem OpenVPN-Server auf A1 mit, dass dieses Subnetz zum Client B1 geroutet werden muss. Weiterhin muss

```
route 192.168.4.0 255.255.255.0
```

in die Konfiguration eingefügt werden, was das Routing vom Kernel zum OpenVPN-Server via Tunnel-Interface festlegt. Anschließend können beide Netze vollständig aufeinander zugreifen.

Any-to-Any

Nun sollen sich Rechner C1 mit A1 und Netzwerk B1 mit A1 verbinden. Der zweite Fall wurde im vorigen Abschnitt bereits beschrieben und muss nur leicht angepasst werden. Dabei ist nun gewünscht, dass jeder auf jeden verbinden kann.

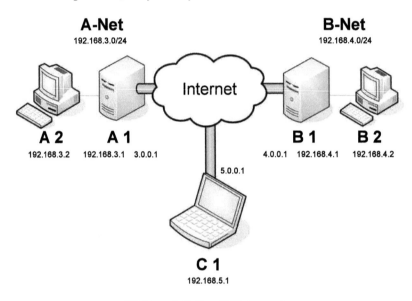

Abbildung 3.24: OpenVPN Any-to-Any

In der Konfigurationsdatei muss nun, sofern nicht bereits vorhanden,

```
route 192.168.4.0 255.255.255.0
route 192.168.5.0 255.255.255.0
```

hinzugefügt werden, damit der OpenVPN Server die zu erreichenden Netze kennt. Für C1 wird ebenfalls eine Datei ccd/C1 mit folgendem Inhalt auf dem Server erstellt.

```
ifconfig-push 10.1.0.5 10.1.0.6
iroute 192.168.5.0 255.255.255.0
```

Dies gewährleistet wieder das bidirektionale Routing zwischen A und C1. Damit besteht ein Netz, in dem Einzelrechner und auch Netzwerke auf die Dienste des gesamten Netztes A verbinden dürfen. Um nun auch das Routing und den erwünschten Zugriff zwischen den angebundenen Kommunikationspartnern B und C1 zu ermöglichen, muss in der Hauptkonfiguration

```
client-to-client
push "route 192.168.4.0 255.255.255.0"
push "route 192.168.5.0 255.255.255.0"
```

ergänzt werden. Ersteres gestattet überhaupt den Zugriff der Clients untereinander und die Routing-Befehle werden den Clients mitgeteilt, so dass C1 bekannt wird, dass ein Verbindungsaufbau in das 192.168.4.0/24-Netz über die VPN-Verbindung erfolgt - für A gilt dies analog mit Ziel 192.168.5.0/24. Leider konnte die korrekte Funktion mittels dem Pushing der Routeninformationen in den Tests nicht festgestellt werden, da somit C1 nicht nur darüber informiert wird, dass das Netz B über das Tunneldevice erreicht wird, sondern auch sein eigenes Netz. Da zumindest in den Tests dieser Eintrag in der Routing-Tabelle immer höher priorisiert wurde, als die Einträge der lokalen Netzwerkkarte, konnten keine anderen Rechner mehr erreicht werden. Weiterhin traten Probleme auf, wenn der OpenVPN-Server als Daemon ausgeführt wurde. Der gegenseitige Zugriff war dann nicht möglich. Inwieweit diese Probleme durch den Pre-Release Status der zum Zeitpunkt der Tests verwendeten Version 2 von OpenVPN und damit möglicherweise durch in Zukunft korrigierte Fehler verursacht wird, ist zum momentanen Zeitpunkt unbekannt.

3.4 Wartung

Im folgenden wird betrachtet, welcher Aufwand für die Wartung des VPNs einzuplanen ist. Dabei wird die Skalierbarkeit des Netzes betrachtet bei Hinzukommen neuer oder Entfernen vorhandener Kommunikationspartner. Ebenso ist von Interesse wie reagiert werden kann oder muss bei Kompromittierung von Zugangsdaten der Kommunikationspartner.

3.4.1 PPTP

Bei PPTP ist die Skalierung des Netzes im Falle eines Windows-Server identisch der von L2TP. Für neue Clients muss eine IP-Adresse bereit stehen sowie ein Benutzeraccount vorhanden sein. Bei Entfernung des Clients wird dem Nutzer das Einwahlrecht entzogen oder der Benutzeraccount gelöscht. Wenn Linux mit Poptop als PPTP-Server genutzt wird, ist die Verfahrensweise die gleiche. Bei Hinzukommen oder Entfernen von Nutzern müssen nur die Zugangsdaten geändert werden damit dem Client ermöglicht oder verwehrt wird sich ordnungsgemäß zu authentifizieren.

3.4.2 IPSec

Um ein VPN mit IPSec zu warten, muss man je nach verwendeter Hardware, Betriebssystemen und Infrastruktur große Unterschiede verzeichnen. Ist das Netz homogen, d.h. es handelt sich um Systeme des selben Herstellers bzw. gleiche Softwareprodukte, so kann man von einem Aufwand ausgehen, der sich in Grenzen hält. Kommen jedoch verschiedenste Produkte zum Einsatz, so muss man davon ausgehen, dass das Hinzufügen neuer Systeme sehr komplex sein kann. Auch ist es nicht immer möglich, alle gewünschten Systeme einzubinden aufgrund von Interoperabilitätsproblemen, wie in den Tests festgestellt werden musste. Der Hauptgrund für diese Schwierigkeiten dürfte die Komplexität der IPSec-Protokolle sein, besonders des IKE-Protokolls, bei dem die Hardwarehersteller teilweise Eigenentwicklungen einfießen lassen um neue Funktionalitäten bereitstellen zu können. Das Entfernen von Systemen gestaltet sich wiederum recht einfach, es müssen nur die entsprechenden Security Policies entfernt werden, oder aber Preshared Key bzw. Zertifikat von der Authentifizierung ausgeschlossen werden. Die Wartung eines IPSec-VPNs kann also bei vielen Kommunikationspartnern sehr großer Aufwand sein. Im Falle des Any-to-Any Szenarios mit den Schwierigkeiten der Implementierung überhaupt, sowie der entweder zusätzlichen Routinginformationen oder gar von zusätzlichen Tunneln, dürfte selbst bei wenigen Systemen die Wartung binnen kürzester Zeit unüberschaubar und ein Full-Time-Job werden.

3.4.3 L2TP

Wenn man von purem L2TP ohne IPSec ausgeht, so ist die Skalierung eines L2TP-VPNs, dessen Server ein Windows 2000/2003 ist, relativ simpel. Für jeden hinzukommenden Client wird ein neuer Benutzer erstellt, dem Einwahlrechte erteilt werden. Weiterhin muss gewährleistet werden, dass der Adressraum der zu vergebenden IP-Adressen ausreicht um dem Client eine IP zuteilen zu können. Falls ein Zugriff der Clients untereinander gewünscht wird, ist noch zusätzlich die Aktualisierung der Routinginformationen auf den beteiligten Systemen notwendig. Die Entfernung von Clients ist ebenso trivial; dem Benutzer wird das Einwahlrecht entzogen oder der Benutzeraccount gelöscht.

3.4.4 Tinc

Sollen bei Tinc weitere Kommunikationspartner hinzugefügt werden, so müssen lediglich deren Host-Dateien zu den direkten Verbindungspartnern übertragen werden. Da diese Dateien zur Laufzeit auf Anforderung gelesen werden, muss dazu der jeweilige Tinc-Daemon nicht beendet werden. Gleiches gilt beim Entfernen von Kommunikationspartnern; es muss nur deren Host-Datei gelöscht und der zu entfernende Tinc-Daemon beendet werden. Über die Meta-Verbindung wird allen anderen Tinc-Daemons das Hinzukommen oder Entfernen mitgeteilt. Demnach ist das Skalieren des Netzes innerhalb weniger Minuten problemlos durchführbar. Tritt der Fall ein, dass der private Schlüssel eines Clients in fremde Hände fällt, so muss sofort der entsprechende Client beendet und auf allen Systemen die Host Datei des Clients, sofern vorhanden, entfernt bzw. gegen eine neue ausgetauscht werden. Die Clients können dann im laufenden Betrieb mittels Signal HUP aufgefordert werden ihre Konfiguration neu zu lesen. Dementsprechend ist ein Eingriff an allen direkt beteiligten Systemen erforderlich. Einziges Problem ist die Tatsache, dass Tinc nicht mit Netzwerken unterschiedlicher Klassen zurecht kommt, und demnach eine Erweiterung um zusätzliche Systeme nur dann möglich ist, wenn diese der gleichen Netzklasse angehören.

3.4.5 OpenVPN

Beim Hinzufügen oder Entfernen von Clients aus dem OpenVPN-Netz ist die ist die Art und Weise abhängig vom verwendeten Authentifizierungsmechanismus. Arbeitet OpenVPN mit Statischen Preshared Keys, so sorgt die Kompromittierung eines einzelnen Hostes unweigerlich für die Kompromittierung des gesamten Netzes, da von allen Hosts der gleiche Schlüssel verwendet wird. Auf jedem Host muss die Schlüsseldatei getauscht und bis zu diesem Zeitpunkt das Netz deaktiviert werden. Werden hingegen Zertifikate benutzt, so kann ein abhanden gekommenes Zertifikat in eine sogenannte Certifikate Revokation List eingetragen werden, welche OpenVPN zur Verfügung stehen muss. Sämtliche Verbindungsversuche von Clients, deren Zertifikat in dieser Datei gelistet ist, werden vom Server abgelehnt. Dies bedeutet, dass der einzelne Client ausgeschlossen wird, jedoch das bestehende Netz intakt bleibt. Bei der Integration neuer Clients in das Netz besteht hingegen kein großer Unterschied. Es müssen, sofern erforderlich, in beiden Fällen die Routinginformationen angepasst werden und evtl. Client-abhängige Scripts angelegt werden. Bei Verwendung von PSKs erhält der Client die selbe Datei wie alle anderen Clients auch, bei Verwendung von Zertifikaten muss für den Client ein neues Zertifikat erstellt werden.

3.4.6 Zusammenfassung

VPNs auf Basis von PPTP und purem L2TP sind recht einfach und ohne großen Zeitaufwand zu warten. Hinzufügen und Entfernen von Systemen gestaltet sich einfach und ist schnell erledigt. Gleiches gilt für Tinc. OpenVPN ist etwas schwieriger zu warten, der Aufwand ist jedoch vertretbar. Die Wartung eines IPSec VPN dürfte jedoch bei häufig zu ändernden Konfigurationen zum Full-Time-Job werden, es ist einfach zu sehr tunnelorientiert. Kommen noch unterschiedliche zu koppelnde Systeme zum Einsatz, dürfte man viel Zeit investieren können.

Kriterium	PPTP	IPSec	L2TP	OpenVPN	Tinc
Skalierung generell	simpel	sehr komplex	simpel	umfangreich	simpel
Skalierung Hinzufügen	simpel	sehr komplex	simpel	umfangreich	simpel
Skalierung Entfernen	simpel	simpel	simpel	simpel	simpel
Wartungsaufwand generell	gering	hoch	gering	mittel	gering
Zeitaufwand	gering	sehr hoch	gering	hoch	gering

Tabelle 3.3: Zusammenfassung Wartung

4 Ergebnisanalyse

Prinzipiell ist es nicht möglich pauschal Aussagen zu treffen, in welchem Umfeld und bei welchen Konstellationen ein bestimmtes VPN zu wählen ist. Ebenso kann man nur schwerlich sagen, dass eine Technologie unter bestimmten Voraussetzungen überhaupt nicht einsatzfähig ist. Jedoch ist es möglich Empfehlungen anhand der gewonnenen Erkenntnisse zu geben. Dabei ist es jedoch hilfreich „Zielgruppen" von VPNs zu definieren, mögliche Anforderungen und Netzgrößen und dementsprechend wahrscheinlich auftretende Szenarien zu berücksichtigen. Außerdem gilt es zu unterscheiden, ob die Implementierung der VPN-Lösung „mal schnell nebenbei" geschehen soll oder konkret geplant und von Fachkräften umgesetzt wird. Die im nachfolgenden Kapitel definierten und untersuchten Zielgruppen sind:

- Privatanwender

- Mittelstandsgewerbe

- gewerbliche Großunternehmen

- Industrie

Weiterhin eignet sich jede der untersuchten VPN-Lösungen mehr oder weniger gut für bestimmte Anwendungsfälle und hat markante Vor- und Nachteile, welche im Anschluss noch einmal kurz genannt werden sollen. Im konkreten Falle von SomSoft stehen besonders Großunternehmen und die Industrie im Mittelpunkt, da das genannte Service-Management-System vorwiegend bei Kunden aus diesen Bereichen eingesetzt wird. Dabei sind die Szenarien der End-to-Site und Site-to-Site VPNs von besonderem Interesse, da diese die am häufigsten eintretenden Fälle in diesem System und anderen SomSoft-Projekten darstellen. Der Wunsch nach einem Any-to-Any VPN bestand zwar in der Vergangenheit, aufgrund mangelnder Erfahrung bei der Implementierung von VPNs wurde jedoch anwendungsintern ein Routing-Protokoll entwickelt, was diesen Fall auf Basis von End-to-Site bzw. Site-to-Site ermöglichen kann. Die eigentliche Implementierung der VPNs soll zukünftig von Fachpersonal durchgeführt werden um den hohen Anforderungen aller Beteiligten gerecht zu werden.

4.1 Zielgruppen

4.1.1 Privatanwender

Anforderungen

Die Frage, die sich zuerst stellt, lautet: Benötigt ein Privatanwender ein VPN? Sicher ist diese Frage nicht ganz unberechtigt und noch vor wenigen Jahren hätte man sie mit einem klaren „Nein" beantworten können. Die Vernetzung des eigenen Heims hat jedoch stark zugenommen und immer mehr drahtlose Geräte mit Bluetooth oder WLAN finden Verwendung. Dank immer neuer Viren, Spyware und Phishing-Techniken krimineller Elemente um Kontodaten, Passwörter und andere geheime Informationen auszuspionieren, ist aber ebenso das Sicherheitsbewusstsein der Menschen gestiegen. Auch Reportagen über gehackte WLANs schüren die Angst vorm „Datenklau". Demnach besteht der Wunsch, seine eigenen Daten abzusichern. Und gerade für WLANs mit ihrer potentiell unsicheren Verschlüsselung empfiehlt sich die Implementierung eines VPNs. Demnach steht das Problem in vielen Fällen, dass man bspw. mit seinem Laptop auf die Daten seines Heim-PC oder Netzwerkes zugreifen will. Um nun Mitlauschern keine Angriffschance zu geben, bietet es sich an diese Verbindung per VPN abzusichern. Demnach handelt es sich um ein End-to-End oder End-to-Site VPN. Ein weiterer Fall wird in WGs auftreten, wenn die Bewohner ihre PCs miteinander vernetzen und für ihre Laptops eine WLAN Acesspoint bereitstellen, so dass diese auf das Netzwerk zugreifen dürfen. Auch dort soll die Verbindung nicht ausgespäht werden können. Zusätzlich dürfte aber der Wunsch bestehen auch mit den Laptops gegenseitigen Zugriff zu haben. Dies erfordert eine Any-to-Any-Implementierung.

Analyse

Da man davon ausgehen muss, dass Privatanwender nicht unbedingt spezialisiert sind in Netzwerktechnik oder VPNs, besteht vermutlich der Wunsch nach einer einfachen Implementierung. Auch die Geduld bei einem solchen Unternehmen ist meist recht gering, so dass die Installation und Konfiguration binnen kurzer Zeit erledigt sein soll. Teure VPN-Hardware wird man sich ebenso wenig leisten können wie einen Windows 2000 Server.

Empfehlung

PPTP ist wahrscheinlich der einfachste Weg ein VPN zwischen zwei Rechnern aufzubauen. Sind beide Rechner ein Windows 2000/XP System, so kann man dies binnen weniger Minuten erledigen ohne Kosten und großen Aufwand. Handelt es sich um ein End-to-Site Netz, wobei als Site-Komponente mehrere Rechner, wie Laptops, eingesetzt werden, so wird man PPTP auf Windows-Basis ohne Server-Betriebssystem nicht einsetzen können, da die Home bzw. Professional Versionen nur genau einen Tunnel zulassen. Demnach wird man sich neu orientieren müssen. IPSec kommt nicht in Frage aus Gründen der Komplexität; ein Durchschnittsanwender wird IPSec nicht verstehen können. L2TP ist bei Windows nur im Zusammenarbeit mit IPSec anzutreffen, deswegen entfällt auch dies. Dementsprechend bleiben Tinc und OpenVPN als Alternative, wobei Tinc prinzipiell einfacher und schneller zu konfigurieren ist. Ein Any-to-Any-Netz ist mit beiden realisierbar. Aufgrund des mittlerweile höheren Bekanntheitsgrades und der größeren Menge Dokumentation und Supportmöglichkeiten, wie zahlreiche Foren, dürfte OpenVPN trotzdem der Vorzug gewährt werden. Und gerade in studentischen WGs erfreut sich OpenVPN wachsender Beliebtheit. Klare Empfehlung für Privatanwender lautet daher OpenVPN.

4.1.2 Mittelstandsgewerbe

Anforderungen

Bei Firmen aus dem Mittelstand, also bspw. Firmen mit mehrere kleinen Filialen, besteht immer häufiger der Wunsch diese Filialen miteinander zu vernetzen, bzw. die Filialen an die Hauptfiliale anzuschließen, damit der Zugriff auf zentrale Daten möglich wird. Dabei handelt es sich meist um Site-to-Site Netze. Eine weitere Variante besteht, wenn das Unternehmen Außendienstmitarbeiter oder Heimarbeiter beschäftigt. Diese sollen ebenfalls auf Daten, die in der Firmenzentrale liegen, zugreifen dürfen. Dabei handelt es sich um das klassische Roadwarrior-Szenario, was ein End-to-Site-VPN darstellt. Der Zugriff der Außendienstmitarbeiter gegenseitig sowie der Filialen untereinander ist dabei nicht gewünscht, ein Any-to-Any Netz liegt nicht vor.

Analyse

Beschäftigt das Unternehmen einen eigenen IT-Fachmann oder lässt ihr Netzwerk von einer qualifizierten Firma betreuen, was vermutlich häufiger der Fall ist, so kann man von Fachkenntnissen ausgehen. Die Installation und Konfiguration muss demnach nicht notwendigerweise äußerst simpel vonstatten gehen. Auch der Zeitraum der Implementierung ist kein Kriterium. Allerdings dürfte ein mittelständiges Unternehmen an einer in der Anschaffung und Unterhaltung recht kostengünstigen Lösung interessiert sein. Eventuell ist ein Server auf Windows- oder Linux-Basis in der Hauptfiliale vorhanden, der als VPN-Gateway agieren kann. Oder aber es ist bereits ein Hardware-Router mit IPSec Fähigkeiten vorhanden. Die Filialen sind wahrscheinlich ebenfalls über Hardware-Router oder einen Router auf Linux-Basis ans Internet angebunden, oder aber es handelt sich nur um einen einzelnen PC und kein Netzwerk, welcher einen direkten Einwahlzugang besitzt. Außendienstmitarbeiter wählen sich normalerweise per Modem oder ISDN in das Internet ein und besitzen eine dynamische IP-Adresse, bei den Filialen wird dies in den meisten Fällen ebenso sein. Ob die Hauptfiliale eine statische IP-Adresse besitzt ist fraglich, zumindest ein per DynDNS auflösbarer Name muss vorhanden sein.

Empfehlung

Prinzipiell können alle fünf untersuchten Lösungen eingesetzt werden. Da aber vermutlich fachliche Beratung vorhanden ist, dürfte schnell von PPTP aufgrund seiner Sicherheitsproblematik Abstand genommen werden. Für Unternehmen dieser Größe wäre Tinc eine Möglichkeit. Wird die Realisierung des VPNs jedoch von einer Fachfirma vorgenommen, so dürfte Tinc aufgrund seines geringen Bekanntheitsgrades nicht zur Wahl stehen. Ein VPN auf IPSec Basis ist bei Vorhandensein eines entsprechenden Hardwareproduktes in der Zentrale sicher zu empfehlen. Außendienstmitarbeiter können per VPN-Softwareclient angebunden werden. Die Filialen können ebenfalls per Softwareclient oder Hardwareprodukt angebunden werden. Entscheidungskriterium für diese Variante wird wahrscheinlich der Kostenfaktor, welcher bei mehreren Hardwareimplementierungen und womöglich nicht kostenlosen Softwareclients schnell in die Höhe gehen kann. Die Implementierung mittels Windows 2000/2003 Server und L2TP/IPSec ist ebenso denkbar. In beiden Fällen sind die Einrichtungskosten recht hoch, da Fachkräfte mit IPSec-Wissen nicht gerade preiswert sind. Gleiches gilt für die Wartung; kommen neue anzubindende Systeme hinzu, ist unter Umständen mit einer Kostenexplosion zu rechnen. Eine preiswerte und genauso leistungsfähige Alternative ist OpenVPN. Die Einrichtung der Infrastruktur ist relativ einfach und schnell durchführbar und auch deren Skalierung ist überschaubar. Zudem benötigt man nicht zwingend eine Firma zur Installation, es ist reichlich Dokumentation vorhanden um ein solches Netz auch ohne spezifische Netzwerkkenntnisse aufzubauen. Es entstehen keine Kosten durch zu erwerbende Hard- oder Software. Die Empfehlung für VPNs für den Mittelstand lautet daher IPSec oder OpenVPN, je nachdem wer für die Realisierung und Wartung zuständig ist und welches Budget vorhanden ist. Sicherheitstechnisch sind beide Lösungen sehr zu empfehlen.

4.1.3 Gewerbliche Großunternehmen

Anforderungen

Unter gewerblichen Großunternehmen werden hier, um nur einige zu nennen, Supermarktketten, Ketten anderer Großmärkte wie bspw. Elektronikfachmärkte, aber auch große IT-Dienstleister verstanden. Grundsätzlich sind die Anforderungen die gleichen wie im Mittelstandsgewerbe (siehe Kapitel 4.1.2). Lediglich die Größe des Netzes bzw. Anzahl anzubindender Systeme wird die des Mittelstandsgewerbes bei weitem überschreiten. Weiterhin könnte die Anforderung bestehen, dass die Filialen bzw. Standorte untereinander ebenfalls Zugriff besitzen. In den meisten Fällen wird dies durch direkte Tunnel untereinander realisiert, vom Prinzip her wäre auch die Implementierung eines Any-to-Any VPNs möglich, bei dem alle Standorte und Außendienstmitarbeiter einen Tunnel zum Hauptstandort aufbauen.

Analyse

Eingerichtet werden VPNs in diesem Falle sicher von Fachpersonal, sei es betriebsintern oder ein externer Dienstleister. Da bei Unternehmen dieser Größe aller Wahrscheinlichkeit nach der Kostenfaktor nicht wirklich ins Gewicht fällt und die Internetanbindung sicher über Hardwareprodukte erfolgt, kann davon ausgegangen werden, dass Lösungen wie Tinc, OpenVPN und PPTP keine möglichen Alternativen zur Implementierung eines VPNs darstellen. Diese Unternehmen sind meist auf professionelle und hochsichere Lösungen ausgerichtet, und die eben genannten werden, teils ungerechtfertigterweise, nicht als solchige angesehen. Eine mögliche Anforderung ist jedoch auch die Anbindung spezieller Software, die über Nicht-IP-Protokolle, wie zum Beispiel IPX, miteinander kommunizieren.

Empfehlung

Handelt es sich bei sämtlichen Kommunikationsprotokollen um IP-Protokolle, so kann als Empfehlung OpenVPN oder IPSec ausgesprochen werden. Ersteres wird möglicherweise aufgrund seiner Open Source Umgebung nicht zum Einsatz kommen und IPSec weichen müssen. Nutzt man jedoch ein SSL-VPN per Hardware, kann sich dies zum Vorteil in der Entscheidungsfindung auswirken. Besteht der Wunsch auch Nicht-IP-Kommunikation über VPN zu ermöglichen, so wird die Kombination L2TP/IPSec unumgänglich sein. Funktionsfähige Softwareclients sind für Außendienstmitarbeiter bei Hardwareprodukten in der Regel vorhanden.

4.1.4 Industrie

Anforderungen

In der Industrie bietet sich der Einsatz von VPNs an verschiedenen Stellen an: Anbindung an das Netzwerk eines Zulieferers für den schnelleren Bestellablauf, Anbindung von Serviceunternehmen für die Fehlerdiagnose bei Anlagenstörungen oder aber Vernetzung von Produktionsstätten. Dabei besteht, analog anderen Großunternehmen, ebenso die Möglichkeit, dass Nicht-IP-Protokolle Verwendung finden, beispielsweise durch ältere Anwendungen und Systeme.

Analyse

Unternehmen aus der Industrie legen meist sehr großen Wert auf Standards und sind in manchen Fälle auch etwas konservativ. Demnach haben Open Source Lösungen wie Tinc und OpenVPN keine Chance für den VPN-Aufbau in Betracht gezogen zu werden. Der Kostenfaktor ist zwar vorhanden, fällt jedoch bei Industrieunternehmen dieser Größe nicht ins Gewicht. PPTP ist als unsicher verrufen und dürfte ebenfalls nicht in die Eintscheidungsfindung einbezogen werden, zumal die Einrichtung der VPNs sehr wahrscheinlich von Fachpersonal durchgeführt wird, welches darauf hinweisen wird. In der Industrie wird erfahrungsgemäß Windows auf breiter Schiene eingesetzt, Linux oder andere Betriebssysteme sind eher in der Minderheit.

Empfehlung

Eindeutige Empfehlung für VPNs in der Industrie lautet IPSec bzw. bei Nutzung von Nicht-IP-Protokollen L2TP/IPSec, denn dies unterstützt den Drang nach standardisierten Lösungen. Die Implementierung sollte mittels Hardwareprodukten erfolgen, da diese wahrscheinlich bereits vorhanden sind, natürlich unter der Voraussetzung der Interoperabilität aller eingesetzten Komponenten.

4.1.5 Zusammenfassung

Je nach Zielgruppe kann man von sehr unterschiedlichen Anforderungen und Voraussetzungen ausgehen, welche jeweils in der Verwendung bzw. der empfohlenen Verwendung einer bestimmten VPN-Lösung resultiert. Da Großunternehmen und Industrie die vorwiegenden Zielgruppen von SomSoft darstellen und die durch SomSoft entwickelten Produkte in jedem Falle auf IP-Protokollen, meist TCP/IP, basieren, kann klar die Empfehlung für IPSec oder OpenVPN ausgesprochen werden. Zweiteres ist zwar dank einfacherer Implementierbarkeit zu bevorzugen, letztendlich werden jedoch die Akzeptanz beim Kunden und dessen Randbedingungen, wie Vorhandensein eines IPSec-Gateways, die Entscheidung beeinflussen. Bisherige Erfahrungen seitens SomSoft zeigen, dass vom Kunden meist die Verwendung von IPSec bevorzugt wird. Inwieweit dies mit Fertigstellung der OpenVPN Version 2 Bestand hat, bleibt abzuwarten.

4.2 VPN-Übersicht

Nachfolgend sollen noch einmal markante Punkte der untersuchten VPN-Lösungen zusammenfassend dargestellt werden um eine Übersicht zu erstellen.

4.2.1 PPTP

PPTP ist gut geeignet um „mal schnell" ein VPN aufzubauen. Dieses sollte jedoch keine kritischen Daten transportieren, da die Sicherheitsaspekte nicht zu vernachlässigen sind. Vorteil von PPTP ist auch die Fähigkeit Nicht-IP-Protokolle transportieren zu können, sowie der Status als Standardprotokoll.

4.2.2 IPSec

IPSec wird nicht unverdienter Weise von vielen Menschen als „das" VPN angesehen. Sein Vorteil liegt in der Unterstützung zahlreicher Verschlüsselungs- und Authentizitätssicherungs-Funktionen, einer breiten Unterstützung von Hardwareprodukten, und die Protokolle sind Standards. Sein nicht zu verachtender Nachteil besteht jedoch in seiner Komplexität, welches es für einen „normalen" Anwender nicht durchschaubar, geschweigedenn verwendbar macht. Weiterhin besteht ein großes Problem in der Interoperabilität unterschiedlicher Implementierungen, wie in den Tests schmerzlich erfahren werden musste. Für Personen, die, bspw. als IT-Dienstleister, häufiger mit verschiedenen Hardwareprodukten in Berührung kommen bzw. zu diesen Verbindungen aufbauen müssen, ist der VPN-Softwareclient der Firma NCP zu empfehlen. Dieser kann mit zahlreichen Produkten verschiedener Hersteller zusammenarbeiten. Zu empfehlen ist IPSec in jedem Falle, jedoch ist damit zu rechnen, dass bei der Implementierung komplexer Strukturen zahlreiche Probleme aufwarten.

4.2.3 L2TP

Sind alle anzubindenden Systeme Windows-Rechner bzw. L2TP-unterstützende Hardwareprodukte, so kann man L2TP durchaus empfehlen - jedoch nur in Kombination mit IPSec um die Sicherheit der zu übertragenden Daten zu gewährleisten. L2TP hat auch den markanten Vorteil Nicht-IP-Protokolle zu transportieren, ebenso wie den Status als Standard.

4.2.4 Tinc

Solange sich die privaten Adressen aller zu verbindenden Rechner in der gleichen Netzwerkklasse befinden, ist Tinc ideal zum unkomplizierten Aufbau selbst komplexer Szenarien. Dies liegt besonders an seinem selbstorganisierenden Netz. Tinc wirkt leider nach außen nicht sehr professionell und seine Entwicklung scheint eingeschlafen zu sein. Dies ist wahrscheinlich einer der Gründe, warum Tinc keinen hohen Bekanntheitsgrad besitzt, obwohl es klar zu empfehlen ist. Hinzu kommt, dass es ein Protokoll aus Eigenentwicklung nutzt, und kein Standardprotokoll.

4.2.5 OpenVPN

Es ist anzunehmen, dass die Popularität von OpenVPN in Zukunft stark steigen wird. Dies liegt darin begründet, dass ungeschulte Privatanwender wie auch Fachpersonal sämtliche erdenklichen Infrastrukturen für ein VPN realisieren können. OpenVPN nutzt ein Standardprotokoll und kann als äußerst sicher angesehen werden. Es ist sehr modular und trotz möglicher Komplexität der Konfiguration durchschaubar. OpenVPN ist klar zu empfehlen und kann als „VPN für jedermann" bezeichnet werden.

4.3 Zusammenfassung

4.3.1 Fazit

Alle betrachteten VPN-Lösungen sind fähig die möglichen Infrastrukturszenarien zu implementieren, wenn auch mit sehr unterschiedlichem Aufwand und Material. Die Sicherheitsfunktionen, welche für ein VPN im verstandenen Sinne des „Privaten" unerlässlich sind, sind jedoch stark verschieden. Auch die Komplexität der Installation, Konfiguration und Wartung ist teilweise nicht vergleichbar. Bei jedem zu implementierenden VPN sollte genau analysiert werden, welche Anforderungen und Gegebenheiten momentan vorhanden sind oder zukünftig vorhanden sein werden und welche Kosten entstehen oder entstehen werden bzw. dürfen. Ebenso muss klar zwischen dem jeweiligen Umfeld, privat oder Wirtschaft, differenziert werden. Nur dann kann eine Entscheidung für eine VPN-Lösung sinnvoll getroffen werden.

4.3.2 Prognose

Die Notwendigkeit von VPNs an sich ist unbestritten, denn der Wunsch nach Sicherheit wird in den kommenden Jahren extrem zunehmen. Auch private Anwender haben kein Interesse an der Ausspähbarkeit ihrer Daten. Die Gefahr zum gläsernen User zu werden,

	PPTP	IPSec	L2TP	OpenVPN	Tinc
Anwendbarkeit für die Zielgruppen					
Privat-anwender	geeignet	ungeeignet	ungeeignet	geeignet	geeignet
Mittelstand	ungeeignet	ungeeignet	ungeeignet	geeignet	geeignet
Großunter-nehmen	ungeeignet	geeignet	geeignet	geeignet	ungeeignet
Industrie	ungeeignet	geeignet	geeignet	geeignet	ungeeignet
Anwendbarkeit für die Infrastrukturen					
End-to-End	geeignet	geeignet	geeignet	geeignet	geeignet
End-to-Site	geeignet	geeignet	geeignet	geeignet	geeignet
Site-to-Site	geeignet	geeignet	geeignet	geeignet	geeignet
Any-to-Any	geeignet	ungeeignet	geeignet	geeignet	geeignet
Aufwandsabschätzung für Implementierung und Wartung der Infrastrukturen 1=gering 5=hoch					
End-to-End	1	4	1	3	1
End-to-Site	1	5	1	3	1
Site-to-Site	2	5	2	3	1
Any-to-Any	2	5	2	4	1
Stärken	einfache Installation, Konfiguration, Wartung; Unterstützung von Nicht-IP Protokollen	sehr hohe Sicherheit; als Standard akzeptiert	Unterstützung von Nicht-IP Protokollen	sehr hohe Sicherheit; relativ einfache Installation, Konfiguration, Wartung;	einfache Installation, Konfiguration, Wartung; Selbstorganisation des Netzes
Schwächen	Sicherheitsmängel	extreme Komplexität und Interoperabilitätsprobleme	Sicherheitsmängel	keine	keine verschiedenen Netzklassen möglich

Tabelle 4.1: Gesamtübersicht

91

ist bereits zum momentanen Zeitpunkt hoch. Um diese Datensicherheit zu gewährleisten ist es jedoch zwingend erforderlich, dass VPNs von jedermann, und nicht nur Fachpersonal, implementiert werden können. Dies bedeutet auch, dass IPSec in seiner heutigen Form und wie es in IPv6 Verwendung findet, keine massentaugliche Lösung darstellt aufgrund seiner undurchschaubaren Komplexität. Der Ansatz von OpenVPN ist durchaus der richtige Weg, inwieweit er in der Zukunft praktikabel ist, bleibt zu abzuwarten.

Glossar

3DES Viele frühere DES-Nutzer benutzen jetzt Triple-DES (3DES), ein Verfahren, das von einem der DES-Patentinhaber beschrieben und analysiert wurde. Dabei wird jeder Datenblock dreimal mit DES und verschiedenen Schlüsseln chiffriert. Der gesamte Schlüsselraum hat damit eine Größe von 2^{112}, damit ist 3DES sicherer als der Standard DES mit einer Schlüssellänge von nur 56 Bit. 3DES wird momentan als ausreichend sicher angesehen, obwohl er relativ langsam ist. Man beachte im übrigen, dass es mehrere Methoden gibt, DES dreimal anzuwenden; Tuchmans 3DES ist nur eine davon.

AES Der Advanced Encryption Standard (AES) ist ein symmetrisches Kryptosystem und ein Blockchiffre, dessen Blocklänge und Schlüssellänge unabhängig voneinander die Werte 128, 192 oder 256 Bit erhalten kann, welches als Nachfolger für DES bzw. 3DES im Oktober 2000 vom National Institute of Standards and Technology (NIST) als Standard bekannt gegeben wurde. Nach seinen Entwicklern Joan Daemen und Vincent Rijmen wird er auch Rijndael-Algorithmus genannt. Jeder Block wird zunächst in eine zweidimensionale Tabelle mit vier Zeilen geschrieben, dessen Zellen ein Byte groß sind. Die Anzahl der Spalten variiert somit je nach Blockgröße von 4 (128 Bit) bis 8 (256 Bit). Jeder Block wird nun nacheinander bestimmten Transformationen unterzogen. Aber anstatt jeden Block einmal mit dem Schlüssel zu verschlüsseln, wendet AES verschiedene Teile des Schlüssels nacheinander auf den Klartext-Block an. Die Anzahl dieser Runden (r) variiert und ist von Schlüssellänge (k) und Blockgröße (b) abhängig.

ATM Asynchronous Transfer Mode, ist eine Technologie, bei der der Datenverkehr in kleine Pakete (bei ATM SZellen"genannt) mit fester Länge (53 byte) encodiert wird. Die Zellen-Technik hat im Vergleich zu Übertragungstechniken mit variabler Paketgröße (v.a. Ethernet) den Vorteil, dass die Pakete geswitcht und nicht geroutet werden und so effizienter weitergeleitet werden können.

Blowfish Der Verschlüsselungs-Algorithmus Blowfish wurde 1993 von Bruce Schneier entworfen und erstmals im April 1994 in Doctor Dobb's Journal publiziert. Blowfish ist ein sehr schneller und nicht patentierter Algorithmus, der besonders auf 32-Bit-Prozessoren eine exzellente Performance bietet. Ein weiterer Vorteil ist seine variable Schlüssellänge von 32 bis zu 448 Bit. Die Blockgröße beträgt 64 Bit. Es hat seitdem viele Kryptoanalysen von Blowfish gegeben und Serge Vaudenay fand ein paar schwache Schlüssel, die allerdings nur in Blowfish-Implementierungen mit 14 Runden oder geringer auftraten. Bis heute sind keine weiteren Schwächen bekannt.

Brute-Force-Attack Brute Force (engl. rohe Gewalt) ist der Fachbegriff für eine Lösungsmethode schwerer Probleme aus dem Bereich der Informatik und der Spieltheorie, die auf dem Ausprobieren aller (oder zumindest eines erheblichen Teils der in Frage kommenden) Varianten beruht.

CAST5 Symmetrischer Verschlüsselungsalgorithmus mit 128 Bit Schlüssellänge. In der OpenPGP-Spezifikation vorgeschrieben.

CBC-Modus Cipher Block Chaining Mode ist eine Betriebsart, in der Blockchiffrierungsalgorithmen arbeiten. Vor dem Verschlüsseln eines Klartextblocks wird dieser erst mit dem im letzten Schritt erzeugten Geheimtextblock per XOR (exklusives Oder) verknüpft.

Die Verschlüsselung ist im CBC-Modus rekursiv definiert:

$$C_0 = IVC_i = E_K(P_i \oplus C_{i-1}) \qquad i \geq 1$$

Die zugehörige Entschlüsselung ist im CBC-Modus hingegen nicht rekursiv:

$$C_0 = IVP_i = D_K(C_i) \oplus C_{i-1} \qquad i \geq 1$$

Hierbei ist E_K die Verschlüsslungsfunktion mit dem Schlüssel K, D_K ist die zugehörige Entschlüsselungsfunktion. P_i bezeichnet den i. Klartextblock, C_i den i. Geheimtextblock, IV ist der Initialisierungsvektor. Als Initialisierungsvektor (IV) benutzt man entweder einen Timestam oder eine zufällige Zahlenfolge. Wenn man diesen Initialisierungsvektor geheim überträgt, trägt es nicht zur Sicherheit des Algorithmus bei. Der CBC-Mode hat einige wichtige Vorteile:

- Klartextmuster werden zerstört.

- Jeder Geheimtextblock hängt von allen vorherigen Klartextblöcken ab.

- Identische Klartextblöcke ergeben unterschiedliche Geheimtexte.

- Verschiedene Angriffe (Time-Memory-Tradeoff und Klartextangriffe) werden erschwert.

Class A, B, C Private IP-Adressen oder Private Netze sind IP-Adressen/Subnetze, die für jeden Zweck von jedem benutzt werden können. Sie werden jedoch nicht im Internet geroutet. Deshalb ist für den Zugriff auf das Internet eine Adressumsetzung mit NAT oder PAT notwendig. Der letzt genannte Adressraum (169.254.0.0/16) hat dabei eine

Klasse	Adressbereich	Netzmaske
A	10.0.0.0 - 10.255.255.255	255.0.0.0
B	172.16.0.0 - 172.31.255.255	255.240.0.0
C	192.168.0.0 - 192.168.255.255	255.255.0.0
link local	169.254.0.0 - 169.254.255.255	255.255.0.0

Tabelle 4.2: Netzklassen

Sonderstellung - er ist für "link local", also direkte Verbindungen reserviert, und wird z.B. benutzt, wenn kein DHCP-Server zur Verfügung steht.

CRL Eine Zertifikatsperrliste (engl. Certificate Revocation List) ist eine Liste die Informationen über die Gültigkeit von Zertifikaten enthält. Sie ermöglicht es festzustellen, ob ein Zertifikat zum aktuellen Zeitpunkt gültig ist, ob es gesperrt wurde und warum. Solche Sperrlisten dienen vor allem dazu, Schlüssel zu sperren, die nicht mehr sicher sind, weil sie in falsche Hände geraten sind oder geknackt wurden - in solchen Fällen muss das Zertifikat noch vor dem eigentlichen Ablaufdatum gesperrt werden, damit der Schlüssel nicht weiter verwendet wird. Sie sind daher ein wichtiger Teil der Public Key Infrastructure.

Cygwin Cygwin ist eine Sammlung freier Software, die unter verschiedenen Versionen von Microsoft Windows eine Vielzahl von Funktionen einer UNIX-Umgebung bereitstellt. Cygwin fungiert hauptsächlich als Portierungs-Software, die Programme und Routinen, die üblicher Weise unter POSIX-Systemen wie Gnu/Linux, BSD und Unix laufen auf Microsoft Windows überträgt, indem diese neu kompiliert werden. Mittels Cygwin portierte Programme laufen hervorragend unter Windows NT, Windows XP und Windows Server 2003. Einige Programme laufen auch recht akzeptabel unter Windows 95 und Windows 98. Cygwin wurde ursprünglich von der Firma Cygnus Solutions gegründet, wird jetzt aber von Redhat weiter entwickelt.

DES Der Data Encryption Standard ist ein weit verbreiteter symmetrischer Verschlüsselungsalgorithmus. DES funktioniert als Blockchiffre, das heißt jeder Block wird unter
Verwendung des Schlüssels einzeln chiffriert, wobei die Daten in 16 Iterationen be-
ziehungsweise Runden von Substitutionen und Transpositionen (Permutation) nach
dem Schema von Feistel verwürfelt werden. Die Blockgröße beträgt 64 Bits, das heißt
ein 64-Bit-Block Klartext wird in einen 64-Bit-Block Chiffretext transformiert. Auch
der Schlüssel, der diese Transformation kontrolliert, besitzt 64 Bits. Jedoch stehen
dem Benutzer von diesen 64 Bits nur 56 Bits zur Verfügung; die übrigen 8 Bits (jeweils ein Bit aus jedem Byte) werden zum Paritäts-Check benötigt. Die wirkliche
Schlüssellänge beträgt daher 56 Bits.

Diffie-Hellman Der Diffie-Hellman-Schlüsselaustausch ist kein Verschlüsselungsverfah-
ren, sondern beschreibt die Möglichkeit, Schlüssel sicher über unsichere Kanäle auszuhandeln. Hierbei handelt es sich um Schlüssel, wie sie in der Kryptografie verwendet werden. Bei dem Verfahren werden Eigenschaften diskreter Logarithmen ausge-
nutzt. Es ist nicht zuletzt die Grundlage für das Elgamal-Kryptosystem. Das Verfahren ermöglicht es nicht, einen bestimmten Schlüssel auszutauschen. Es ermöglicht es
den Kommunikationspartnern jedoch, aus den ausgetauschten Informationen denselben Schlüssel zu generieren.

DynDNS Ein DynDNS- oder dynamischer Domain Name System-Eintrag bewirkt, dass
ein Rechner, der eine wechselnde IP-Adresse besitzt, immer über den selben Namen
angespochen werden kann.

Frame Relay Frame Relay ist eine Datenübertragungstechnik, die ursprünglich als Daten-
zubringerdienst für ISDN entwickelt wurde. In Europa werden häufig die Basissta-
tionen des GSM-Netzes, die die Funksignale der Mobiltelefone empfangen und ins
Festnetz überleiten, über Frame Relay angebunden. Aber auch Netzbetreiber bieten
Frame Relay Verbindungen als billigere Alternative zu einer Standleitung an.

FreeBSD FreeBSD ist ein Open-Source-Betriebssystem aus der BSD-Familie und gehört
damit zu den Unix-Derivaten.

Geburtstagsproblem Als Geburtstagsproblem (manchmal auch Geburtstagsparadoxon)
wird die Tatsache bezeichnet, dass von 23 willkürlich ausgewählten Personen (zum
Beispiel zwei Fußballmannschaften plus Schiedsrichter) bei einer Wahrscheinlichkeit
von 50 Prozent mindestens zwei am selben Tag Geburtstag haben. Welcher Tag das

ist, spielt dabei keine Rolle.

Im Gegensatz dazu steht die Wahrscheinlichkeit, dass jemand an einem ganz bestimmten Tag Geburtstag hat - wenn man sich zum Beispiel den Schiedsrichter nimmt und fordert, dass jemand mit genau ihm am selben Tag Geburtstag hat. Für diesen Fall sind 253 Personen notwendig, um eine Wahrscheinlichkeit von 50% zu erreichen
.

Es handelt sich nicht um ein echtes Paradoxon, weil die Aussage nicht sich selbst widerspricht. Sie wird lediglich als Paradoxon bezeichnet, weil sie viele Betrachter auf den ersten Blick unwahrscheinlich finden.

Der Grund für diesen großen Unterschied liegt darin, dass es bei N Personen N*(N-1)/2 verschiedene Paare gibt, die am selben Tag Geburtstag haben könnten. Die Häufigkeit für das Zusammentreffen bzw. Kollidieren zweier Geburtstage steigt daher mit dem Quadrat der Anzahl N an (für kleine Werte von N).

Dieser Effekt hat eine Bedeutung bei kryptographischen Hash-Funktionen, die einen eindeutigen Prüfwert aus einem Text ergeben sollen. Es ist dabei viel einfacher, zwei zufällige Texte zu finden, die den selben Prüfwert haben, als zu einem vorgegebenen Text einen weiteren zu finden, der den selben Prüfwert aufweist.

Mathematische Herleitungen Wahrscheinlichkeit für einen bestimmten Tag

Allgemein ist die Wahrscheinlichkeit, an einem bestimmten Tag Geburtstag zu haben: $p = \frac{1}{365} \approx 0.27\%$

Da die Wahrscheinlichkeit für das Gegenteil (es gibt keine zwei Leute, die am selben Tag Geburtstag haben) unter einem bestimmten Schwellwert (in diesem Fall 50%) liegen soll, muss über das Gegenereignis gerechnet werden. Die Wahrscheinlichkeit, an einem bestimmten Tag nicht Geburtstag zu haben ist $q = 1 - \frac{1}{365} \approx 99.73\%$.

Bei 2 unabhängigen Versuchen (die Geburtstage zweier Personenen werden als unabhängig betrachtet) ist die Wahrscheinlichkeit, keinen Treffer zu haben: $Q = q^2$

Dabei mindestens einen Treffer zu haben, ist wieder die Gegenwahrscheinlichkeit. Also: $P = 1 - q^2$

Allgemein ausgedrückt ist die Wahrscheinlichkeit, mit der mindestens eine Person von r anwesenden Personen an einem bestimmten Tag Geburtstag hat: $W = 1 - (1 - \frac{1}{365})^r$

Damit lässt sich ausrechnen, wie viele Personen r man braucht, um eine bestimmte Wahrscheinlichkeit zu erreichen, dass mindestens eine Person an einem bestimmten Tag Geburtstag hat:

$(1 - \frac{1}{365})^r = 1 - p$

$\Leftrightarrow ln((1 - \frac{1}{365})^r) = ln(1 - p)$

$\Leftrightarrow r >= \frac{ln(1-p)}{ln(1-\frac{1}{365})}$

Für eine Wahrscheinlichkeit von 50% benötigt man:

$r >= \frac{ln(0,5)}{ln(\frac{364}{365})} \approx 253$ Teilnehmer

Wahrscheinlichkeit, dass 2 Personen an einem Tag Geburtstag haben

Die Anzahl aller möglichen Fälle ist $m = 365^r$. Zum Beispiel ergeben sich für zwei Personen $365^2 = 133225$ mögliche Kombinationen von Geburtstagen.

Weiterhin ist die Anzahl der Fälle, in denen nur unterschiedliche Geburtstage vorkommen, $u = 365 \cdot 364 \cdot \ldots \cdot (365 - r + 1) = \frac{365!}{(365-r)!}$. Die erste Person kann den Geburtstag frei wählen, für die zweite gibt es dann 364 Tage, an denen die erste nicht Geburtstag hat.

Damit ergibt sich die Wahrscheinlichkeit von $\frac{u}{m} = \frac{365!}{(365-r)! \cdot 365^r}$, dass alle r Personen an unterschiedlichen Tagen Geburtstag haben.

Die Wahrscheinlichkeit für mindestens einen doppelten Geburtstag ist somit $P = 1 - \frac{u}{m} = 1 - \frac{365!}{(365-r)! \cdot 365^r}$.

Durch Probieren oder Ausrechnen mit einem Mathematik-Programm kommt man zu dem Ergebnis, dass für eine Wahrscheinlichkeit von mindestens 50% nur 23 Personen gebraucht werden, damit mindestens 2 am selben Tag Geburtstag haben.

GRE Das Generic Routing Encapsulation Protocol ist ein Netzwerkprotokoll, welches vor allem beim Herstellen von VPN-Verbindungen über das Protokoll PPTP verwendet wird. Das Protokoll hat die Nummer 47, welches bei der Nutzung eines PPTP-Dienstes hinter einer Firewall freigeschaltet werden muss

Hash-Funktion Eine Hash-Funktion (von eng. "to hash": zerhacken, dt. Bezeichnung: Streuwertfunktion) ist eine nicht umkehrbare Funktion, die eine umfangreiche Quellmenge (i.d.R. Texte) auf eine wesentlich kleinere Zielmenge (Hash-Werte, i.d.R. natürliche Zahlen und Buchstaben) abbildet. Der Hashwert kann zum Auffinden von Daten in einer Datenbank oder zum digitalen Signieren eines Dokumentes verwendet werden. Hash-Funktionen können auch zur Einweg-Verschlüsselung verwendet werden.

Hash-Wert Ein Hash-Wert (dt. Streuwert) ist ein skalarer Wert, der aus einer komplexeren Datenstruktur (Zeichenketten, Objekte, ...) mittels einer Hash-Funktion berechnet wird. Die Bedeutung dieses Informatik-Begriffes liegt darin, dass diese Zuordnung möglichst eindeutig ist, so dass Hash-Werte als Schlüssel für Tabellen benutzt werden können. Damit lassen sich assoziative Arrays (Hashtabelle) implementieren. Hash-Algorithmen sind darauf optimiert, so genannte 'Kollisionen' zu vermeiden. Eine Kollision tritt dann auf, wenn zwei verschiedenen Datenstrukturen derselbe Schlüssel zugeordnet wird.

IDEA Der IDEA-Algorithmus (International Data Encryption Algorithm) wurde 1990 als ein Gemeinschaftsprojekt zwischen der ETH Zürich von James L. Massey und Xueija Lai, und der Ascom Systec AG entwickelt. IDEA ist ein symmetrischer Algorithmus und gehört zu den Blockchiffren. Der Algorithmus benutzt einen 128-Bit langen Schlüssel (DES nur 64 Bit, davon sind 8 Bits für den Paritäts-Check vorgesehen, so dass die eigentliche Schlüssellänge nur 56 Bits beträgt). Bei der Verschlüsselung wird der Klartext in 64 Bit große Blöcke unterteilt und der Schlüssel in Teilstücke zu je 16 Bit zerlegt. Die Verschlüsselung geschieht durch Kombination der logischen Operation XOR, der Addition modulo 216 und der Multiplikation modulo 216+1. Die Kombination dieser drei Operationen aus unterschiedlichen algebraischen Gruppen soll ein hohes Maß an Sicherheit gewährleisten.

Mac OS Mac OS ist der Name des Betriebssystems von Apple für Macintosh-Rechner. Der Begriff ist abgeleitet von Macintosh Operating System, einer Bezeichnung, die so niemals verwendet wurde. Zwei Produktlinien werden unterschieden:

- Das ursprüngliche Mac OS umfasst alle Versionen bis 9.2.2. Die Mac OS Versionen 0.1 bis 7.5.5 trugen nur schlicht den Namen System (z. B. System 6), Ab Version 7.6 bis heute wird der Name Mac OS verwendet

- Das neuere Mac OS X mit dem freien Betriebssystemkern Darwin und der Benutzeroberfläche Aqua als Nachfolger des ursprünglichen Mac OS

In Mac OS X ist eine Laufzeitumgebung für frühere Betriebssystemversionen des Mac OS integriert, die bei Bedarf ein Mac OS 9 lädt. Diese Umgebung heißt "Classic". Classic ermöglicht unter Mac OS X das Arbeiten mit Programmen, die für Mac OS 9 geeignet sind. Classic wird automatisch gestartet, wenn unter Mac OS X ein für Mac

OS 9 geeignetes Programm gestartet wird.

MD2 Message Digest Algorithm 2 (MD2) ist eine von Ronald L. Rivest im Jahr 1989 entwickelte Hash-Funktion. Der Algorithmus wurde für 8-Bit Rechner optimiert. Der Hashwert einer beliebigen Nachricht wird gebildet indem zunächst die Nachricht auf ein Vielfaches der Blocklänge (128 Bit bzw. 16 Byte) gebracht und dann eine Prüfsumme von 16 Byte Länge angehängt wird. Für die eigentliche Berechnung werden ein Hilfsblock mit 48 Byte und eine Tabelle mit 256 Byte die mit zufälligen Ziffern gefüllt ist, verwendet. Nachdem alle Blöcke der (verlängerten) Nachricht bearbeitet worden sind, bildet der erste Teilblock des Hilfsblockes den Hashwert der Nachricht.

MD4 engl. Message-Digest 4 wurde 1990 von Ronald L. Rivest veröffentlicht. Der MD4 Hash-Algorithmus wurde mit dem Anspruch entwickelt auf 32 Bit-Rechnern besonders schnell zu laufen und gleichzeitig in der Implementierung einfach zu sein. Dabei sollten natürlich die grundlegenden Anforderungen an Hashfunktionen erhalten bleiben. MD4 erzeugt einen Hashwert mit einer Länge von 128 Bit. Trotz aller Sorgfalt im Design zeigte sich bald, dass das Verfahren unsicher ist. Als besonders problematisch stellte sich die mangelnde Kollisionsbeständigkeit heraus. Im Cryptobytes Journal der Firma RSA wurde eine Methode veröffentlicht, welche innerhalb einer Stunde zwei bis auf ein Zeichen identische Nachrichten erzeugen konnte, die denselben Hashwert ergaben. Rivest selbst bestätigte die Unsicherheit im RFC-1321 [fCSI92]: The MD5 Message-Digest Algorithm, so dass selbst RSA vom Einsatz dieses Message Digest abrät. MD4 wurde als Public Domain lizenziert, worauf wohl zurückzuführen ist, dass das verwendete Prinzip zur Basis weiterer Hashfunktionen geworden ist.

MD5 (Message Digest Algorithm 5) ist eine weitverbreitete kryptografische Hashfunktion, die einen 128-Bit-Hashwert erzeugt. MD5 wurde 1991 von Ronald L. Rivest entwickelt.

NetBSD NetBSD ist ein Unix-Derivat und gehört zur Familie der BSD-Betriebssysteme. Es wird unter der BSD-Lizenz frei vertrieben.

OpenBSD OpenBSD ist ein 4.4 BSD-basiertes UNIX-ähnliches Betriebssystem, welches unter der BSD-Lizenz frei verfügbar ist.

OpenSSL OpenSSL ist eine Open-Source-Version des SSL/TLS-Protokolls und bietet darüber hinaus weitergehende Funktionen zur Zertifikat-Verwaltung und zu unterschiedlichen kryptographischen Funktionen. Es setzt auf dem SSLeay-Paket, das von Eric

A. Young und Tim Hudson entwickelt wurde, auf und wird zur Zeit von einer unabhängigen Gruppe weiterentwickelt. Das OpenSSL-Paket umfaßt verschiedene Applikationen, beispielsweise zur Erzeugung von Zertifikaten, von Zertifizierungsanträgen und zur Verschlüsselung. Die verschiedenen Applikationen sind zusammengefaßt in einem Kommandozeilen-Programm: openssl.

Public Key dt. Öffentlicher Schlüssel. Unter einem öffentlichen Schlüssel versteht man in asymmetrischen Kryptosystemen Schlüssel, die jedem bekannt sein dürfen und zur Verschlüsselung eines Klartextes in einen Geheimtext genutzt werden können. Die Geheimtexte können hierbei später nur mit dem geheimen Schlüssel wieder entschlüsselt werden.

Private Key dt. Geheimer Schlüssel. Unter einem geheimen Schlüssel versteht man in asymmetrischen und symmetrischen Kryptosystemen Schlüssel, die nur denjenigen bekannt sein dürfen, die einen Geheimtext in einen Klartext entschlüsseln dürfen und hierfür genutzt werden kann. Während man in asymmetrischen Kryptosystemen einen öffentlichen Schlüssel zur Verschlüsselung nutzt, verwendet man hierzu in symmetrischen Kryptosystemen ebenfalls den geheimen Schlüssel.

RC5, RC6 Von Ronald L. Rivest entwickelte Stromchiffren zur Verschlüsselung.

RIPEMD-160 RIPEMD-160 ist die Abkürzung für RACE Integrity Primitives Evaluation Message Digest. Es handelt sich hierbei um den Algorithmus für eine kryptographische Hashfunktion, die eine 160-Bit-Prüfziffer liefert. RIPEMD-160 wurde von Hans Dobbertin, Antoon Bosselaers und Bart Preneel in Europa entwickelt und 1996 erstmals publiziert. Es handelt sich dabei um eine verbesserte Version von RIPEMD, welcher wiederum auf den Designprinzipien von MD4 basiert und in Hinsicht auf seine Stärke und Performanz dem populäreren SHA-1 gleicht.

Roadwarrior Ein Roadwarrior ist eine Person, die meist im Außendienst tätig ist und sich per Laptop oder PDA von unterwegs mit dem Firmennetzwerk verbinden kann.

SHA Secure Hash Algorithm bezeichnet eine Gruppe standardisierter kryptographischer Hash-Funktionen. Das NIST (National Institute of Standards and Technology) entwickelte zusammen mit der NSA (National Security Agency) eine zum Signieren gedachte sichere Hash-Funktion für den Digital Signature Standard (DSS). Diese als Secure Hash Standard (SHS) bezeichnete Norm spezifiziert den Secure Hash Algorithm (SHA) mit einem Hash-Wert von 160 Bit Länge für Nachrichten mit einer Größe von bis zu 264 Bit. Der Algorithmus ähnelt im Aufbau dem von Ronald L. Rivest entwickelten MD4. Der Secure-Hash-Algorithmus existierte zunächst in zwei Varianten, SHA-0 und SHA-1, die sich in der Anzahl der durchlaufenen Runden bei der Generierung des Hashwertes unterscheiden.

Solaris Solaris ist ein Unix-Betriebssystem der Firma Sun Microsystems.

SSL Secure Sockets Layer bezeichnet ein von der Firma Netscape entwickeltes Übertragungsprotokoll, mit dem verschlüsselte Kommunikation mittels Tunneling möglich ist.

TAP TAP ist ein virtuelles Ethernet Device, welches Ethernet-Frames tunneln kann.

TUN TUN ist ein virtuelles Point-to-Point Netzwerk-Device, welches IP-Frames tunneln kann.

VMWare Eine Software der gleichnamigen Firma, mit der man unter Linux sowie Microsoft Windows einen kompletter PC emulieren kann.

X.509 X.509 ist ein ITU-T-Standard für eine Public Key-Infrastruktur und ist derzeit der wichtigste Standard für digitale Zertifikate. Die aktuelle Version ist X.509v3.

Abkürzungsverzeichnis

ADSL Asymmetric Digital Subscriber Line

AH Authentication Header

ATM Asynchronous Transfer Mode

AVP Attribute Value Pair

CBC Cipher Block Chaining

CHAP Challenge Handshake Authentication Protocol

DH Diffie-Hellman

DHCP Dynamic Host Configuration Protocol

DMZ Demilitarisierte Zone

DoS Denial of Service

ESP Encapsulated Security Payload Protocol

FQDN Fully Qualified Domain Name

GNU GNU's Not UNIX, nicht näher erläuterbares Akronym

GPL General Public License

GRE Generic Routing Encapsulation

HMAC Hash Message Authentication Code

HTTP Hypertext Transfer Protokoll

ICV Integrity Checking Value

IETF Internet Engineering Task Force

IKE Internet Key Exchange

IP Internet Protocol

IPv4 Internet Protocol Version 4

IPv6 Internet Protocol Version 6

IPX Internetwork Packet eXchange

ISAKMP Internet Security Association and Key Management Protocol

ISDN Integrated Services Digital Network

ISP Internet Service Provider

IV Initialisierungsvektor

KLIPS Kernel IPSec Support

L2TP Layer 2 Tunneling Protocol

LAC L2TP Access Concentrator

LNS L2TP network server

MAC Message Authentication Code

MD Message Digest

MPPE Microsoft Point-to-Point Encryption

MS Microsoft

NAT Network Address Translation

NetBEUI NetBIOS Extended User Interface

P2P Point-to-Point

PAC PPTP Access Concentrator

PAP Password Authentication Protocol

PNS PPTP Network Server

PK Public Key

PPP Point-to-Point Protocol

PPTP Point to Point Tunneling Protocol

PSK Preshared Key

RAS Remote Access Service

RFC Requests for Comments

RSA Rivest, Shamir und Adleman

SA Security Association

SHA1 Secure Hash Algorithm One

SNA Systems Network Architecture

SNAT Source Network Address Translation

SP Security Policy

SPAP Shiva Password Authentication Protocol

SPD Security Policy Database

SPI Security Parameter Index

SSL Secure Socket Layer

TCP Transmission Control Protocol

Tinc Tinc is not cabal

TLS Transport Layer Security

UDP User Datagram Protocol

ULP Upper Layer Protocol

VPN Virtual Private Network

Literaturverzeichnis

[1] VPN Virtual Private Networks - Die reale Welt der virtuellen Netze, Wolfgang Böh-mer, Carl Hanser Verlag München Wien 2002

[2] VPN mit Linux - Grundlagen und Anwendung Virtueller Privater Netzwerke mit Open Source-Tools, Ralf Spenneberg, Addison-Wesley Verlag 2004

[3] Das Anti-Hacker-Buch, zweite aktualisierte und erweiterte Auflage, G. Kurtz, S. Mc-Clure, J. Scambry, MITP-Verlag Bonn 2001

[4] OpenVPN and the SSL VPN Revolution, Charlie Hosner, SANS Institue 2004

[5] Cryptanalysis of Microsoft's Point-to-Point Tunneling Protocol (PPTP), Bruce Schnei-er, Mudge, ACM Press 1998

Internetquellen

[Alc98]   D. Piper; Network Alchemy. *The Internet IP Security Domain of Interpretation for ISAKMP*, Nov 1998. http://www.ietf.org/rfc/rfc2407.txt.

[Com]   Wikipedia Community. *Wikipedia*. http://www.wikipedia.org.

[Cor99]   B. Aboba; D. Simon; Microsoft Corporation. *PPP EAP TLS Authentication Protocol*, Oct 1999. http://www.ietf.org/rfc/rfc2716.txt.

[Day94]   W. Simpson; Daydreamer. *The Point-to-Point Protocol (PPP)*, Jul 1994. http://www.ietf.org/rfc/rfc1661.txt.

[Day95a]   P. Karn; Qualcomm; P. Metzger; Piermont; W. Simpson; Daydreamer. *The ESP DES-CBC Transform*, Aug 1995. http://www.ietf.org/rfc/rfc1829.txt.

[Day95b]   P. Metzger; Piermont; W. Simpson; Daydreamer. *IP Authentication using Keyed MD5*, Aug 1995. http://www.ietf.org/rfc/rfc1828.txt.

[Div02]   Diverse. *L2TPd client/daemon*, Jan 2002. http://l2tpd.sourceforge.net.

[Eti01]   Jerome Etienne. *Security flaws in tinc*, 2001. http://www.off.net/~jme/tinc_secu.html.

[fCSI92]   R. Rivest; MIT Laboratory for Computer Science and RSA Data Security Inc. *The MD5 Message-Digest Algorithm*, Apr 1992. http://www.ietf.org/rfc/rfc1321.txt.

[Fre]   FreeS/WAN. *FreeS/WAN An opensource project and software package for creating IPsec VPNs to and from Linux machines*. http://www.freeswan.org.

[Gle98]   C. Madson; Cisco Systems Inc.; R. Glenn. *The Use of HMAC-SHA-1-96 within ESP and AH*, Nov 1998. http://www.ietf.org/rfc/rfc2404.txt.

[Goo]   Google. *Google Suchmaschine*. http://www.ietf.org/rfc/rfc3526.txt.

[IBM97]   H. Krawczyk; IBM; M. Bellare; UCSD; R. Canetti; IBM. *HMAC: Keyed-Hashing for Message Authentication*, Feb 1997. http://www.ietf.org/rfc/rfc2104.txt.

[Inc98a]   C. Madson; Cisco Systems Inc.; N. Doraswamy; Bay Networks Inc. *The ESP DES-CBC Cipher Algorithm With Explicit IV*, Nov 1998. http://www.ietf.org/rfc/rfc2405.txt.

[Inc98b]   D. Maughan; National Security Agency; M. Schertler; Securify Inc.; M. Schneider; National Security Agency; J. Turner; RABA Technologies Inc. *Internet Security Association and Key Management Protocol (ISAKMP)*, Nov 1998. http://www.ietf.org/rfc/rfc2408.txt.

[Inc98c]   R. Pereira; TimeStep Corporation; R. Adams; Cisco Systems Inc. *The ESP CBC-Mode Cipher Algorithms*, Nov 1998. http://www.ietf.org/rfc/rfc2451.txt.

[Net98a]   S. Kent; BBN Corp; R. Atkinson; @Home Network. *IP Authentication Header*, Nov 1998. http://www.ietf.org/rfc/rfc2402.txt.

[Net98b]   S. Kent; BBN Corp; R. Atkinson; @Home Network. *IP Encapsulating Security Payload (ESP)*, Nov 1998. http://www.ietf.org/rfc/rfc2406.txt.

[Net98c]   S. Kent; BBN Corp; R. Atkinson; @Home Network. *Security Architecture for the Internet Protocol*, Nov 1998. http://www.ietf.org/rfc/rfc2401.txt.

[Net99]   W. Townsley; A. Valencia; Cisco Systems; A. Rubens; Ascend Communications; G. Pall; G. Zorn; Microsoft Corporation; B. Palter; Redback Networks. *Layer Two Tunneling Protocol L2TP*, Aug 1999. http://www.ietf.org/rfc/rfc2661.txt.

[Net00]   D. Farinacci; T. Li; Procket Networks; S. Hanks; Enron Communications; D. Meyer; Cisco Systems; P. Traina; Juniper Networks. *Generic Routing Encapsulation (GRE)*, Mar 2000. http://www.ietf.org/rfc/rfc2748.txt.

[NIS97]   M. Oehler; NSA; R. Glenn; NIST. *HMAC-MD5 IP Authentication with Replay Prevention*, Feb 1997. http://www.ietf.org/rfc/rfc2085.txt.

[NIS98a]   C. Madson; Cisco Systems Inc.; R. Glenn; NIST. *The Use of HMAC-MD5-96 within ESP and AH*, Nov 1998. http://www.ietf.org/rfc/rfc2403.txt.

[NIS98b]   S. Kent; BBN Corp; R. Atkinson; NIST. *The NULL Encryption Algorithm and Its Use With IPsec*, Nov 1998. http://www.ietf.org/rfc/rfc2410.txt.

[oCSUoA98] H. Orman; Department of Computer Science; University of Arizona. *The OAKLEY Key Determination Protocol*, Nov 1998. http://www.ietf.org/rfc/rfc2412.txt.

[Ope] OpenVPN. *OpenVPN*. http://www.openvpn.net.

[PoP] PoPToP. *PoPToP*. http://www.poptop.org.

[Rac] Racoon. *Racoon IKE Daemon*. http://www.kame.net/racoon.

[Sec03] T. Kivinen; M. Kojo; SSH Communications Security. *More Modular Exponential (MODP) Diffie-Hellman groups for Internet Key Exchange (IKE)*, May 2003. http://www.ietf.org/rfc/rfc3526.txt.

[Spe] Ralf Spenneberg. *Intrusion Detection, VPNs und Firewalling*. http://www.spenneberg.com.

[Sys98] D. Harkins; D. Carrel; Cisco Systems. *The Internet Key Exchange (IKE)*, Nov 1998. http://www.ietf.org/rfc/rfc2409.txt.

[Sys01a] B. Patel; Intel; B. Aboba; W. Dixon; Microsoft; G. Zorn; S. Booth; Cisco Systems. *Securing L2TP using IPsec*, Nov 2001. http://www.ietf.org/rfc/rfc3193.txt.

[Sys01b] G. Pall; Microsoft Corporation; G. Zorn; Cisco Systems. *Microsoft Point-To-Point Encryption (MPPE) Protocol*, Mar 2001. http://www.ietf.org/rfc/rfc3078.txt.

[VPN] VPNC. *Virtual Private Network Consortium*. http://www.vpnc.org.

[Zor99] K. Hamzeh; Ascend Communications; G. Pall; Microsoft Corporation; W. Verthein; 3Com; J. Taarud; Copper Mountain Networks; W. Little; ECI Telematics; G. Zorn. *Point-to-Point Tunneling Protocol (PPTP)*, Jul 1999. http://www.ietf.org/rfc/rfc2637.txt.

Abbildungsverzeichnis

Tabellenverzeichnis

Danksagung

Bei allen, die mir durch ihre Tips und Hilfe bei der Durchführung und Erstellung der Diplomarbeit geholfen haben, bedanke ich mich herzlichst. Besonderer Dank gilt dabei:

- Herrn Prof. Dr. -Ing. habil. Joachim Geiler für seine konstruktive und freundliche Unterstützung als Betreuer seitens der Hochschule

- Herrn Dipl. Math. Reiner Sombrowsky für die Themenstellung und seine Unterstützung

- Herrn Ralf Spenneberg für sein sehr gutes Buch und seine schnelle Hilfestellung

- insbesondere meiner Freundin Doreen Raschke für Ihre konstruktive Kritik, Motivation und Ihre Geduld während der Erstellung der Arbeit

Wissensquellen gewinnbringend nutzen

Qualität, Praxisrelevanz und Aktualität zeichnen unsere Studien aus. Wir bieten Ihnen im Auftrag unserer Autorinnen und Autoren Diplom-, Magister- und Staatsexamensarbeiten, Master- und Bachelorarbeiten, Dissertationen, Habilitationen und andere wissenschaftliche Studien und Forschungsarbeiten zum Kauf an. Die Studien wurden an Universitäten, Fachhochschulen, Akademien oder vergleichbaren Institutionen im In- und Ausland verfasst. Der Notendurchschnitt liegt bei 1,5.

Wettbewerbsvorteile verschaffen – Vergleichen Sie den Preis unserer Studien mit den Honoraren externer Berater. Um dieses Wissen selbst zusammenzutragen, müssten Sie viel Zeit und Geld aufbringen.

http://www.diplom.de bietet Ihnen unser vollständiges Lieferprogramm mit mehreren tausend Studien im Internet. Neben dem Online-Katalog und der Online-Suchmaschine für Ihre Recherche steht Ihnen auch eine Online-Bestellfunktion zur Verfügung. Eine inhaltliche Zusammenfassung und ein Inhaltsverzeichnis zu jeder Studie sind im Internet einsehbar.

Individueller Service – Für Fragen und Anregungen stehen wir Ihnen gerne zur Verfügung. Wir freuen uns auf eine gute Zusammenarbeit.

Ihr Team der Diplomarbeiten Agentur

Diplomica GmbH
Hermannstal 119k
22119 Hamburg

Fon: 040 / 655 99 20
Fax: 040 / 655 99 222

agentur@diplom.de
www.diplom.de